BIENVENUE SUR LA CÔTE EST !

© DKFIELDING

Intérieur du Capitole.

Alternance de villes mythiques et de nature insolente, la côte Est des États-Unis est un cocktail de destinations diversifiées. New York, la ville qui ne dort jamais : incontournable certes, mais il serait dommage de réduire la côte Est à une escapade dans la Big Apple. La région jouit d'autres attraits, de Philadelphie à Boston en passant par Washington. En visitant ces métropoles, on lève le voile sur les moments cruciaux de l'histoire américaine. L'offre culturelle de Philadelphie et de Washington mérite tous les superlatifs ; on y compte parmi les plus beaux musées et collections privées du monde. Pittsburgh n'est pas en reste. La côte Est séduit également les amoureux de nature. Les alentours des grandes villes sont grandioses, à l'instar des forêts de la Shenandoah Valley, proches de Washington, ou des contrées amish du comté de Lancaster à seulement quelques encablures de Philly. L'État de New York, à qui la ville homonyme fait de l'ombre, regorge de chutes d'eau, de vignobles et de jolies plages. On ne saurait trop inciter les voyageurs à s'aventurer en Nouvelle-Angleterre avec une première escale à Cape Cod. Ses longues plages sauvages et ses phares méritent une visite qu'on ne manquera pas de coupler à une mémorable excursion au large de l'étonnante petite ville de Provincetown ou de l'île de Nantucket à la rencontre des baleines. Toujours plus au nord, nous voici au cœur de la chaîne des Appalaches. New Hampshire, Maine et Vermont offrent ici aux visiteurs leurs trésors naturels, un véritable paradis pour les randonneurs. Comptez sur la chaleur de l'accueil des Américains pour rendre ce séjour inoubliable !

© SEA

La ville de Pittsburg.

SOMMAIRE

DÉCOUVERTE

VISITE

PENSE FUTÉ

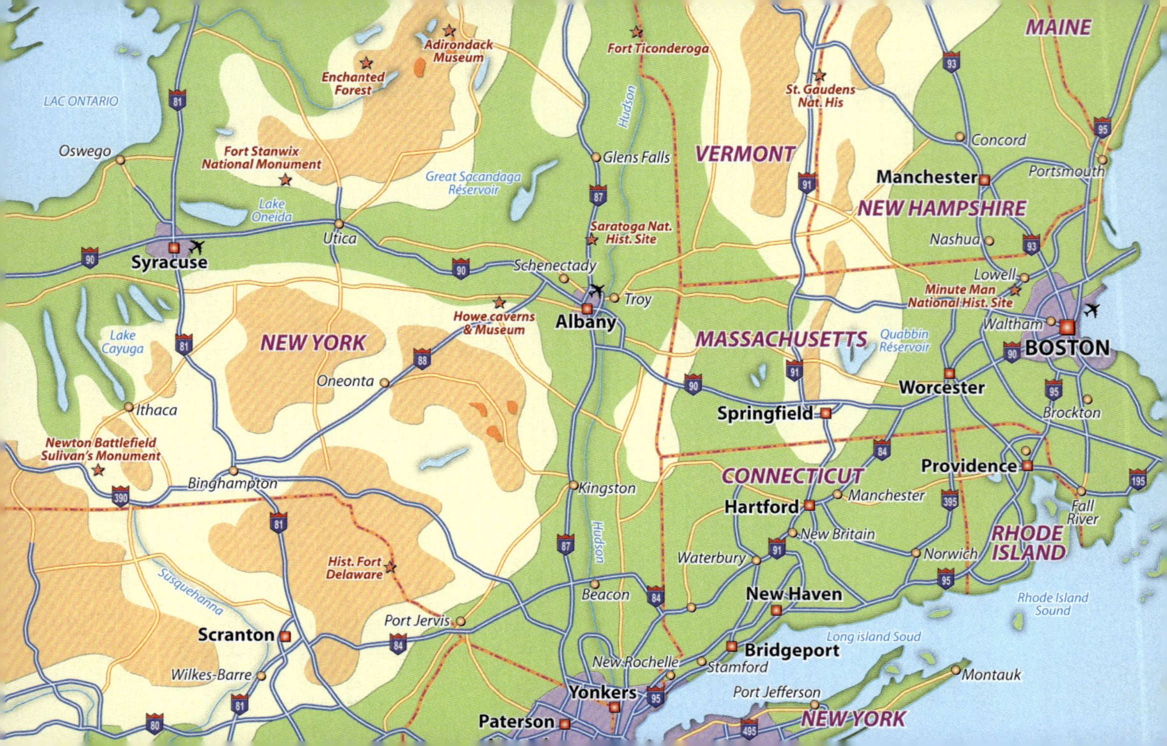
MAINE
NEW HAMPSHIRE
VERMONT
MASSACHUSETTS
CONNECTICUT
RHODE ISLAND
NEW YORK
LAC ONTARIO
Oswego
Syracuse
Fort Stanwix National Monument
Lake Oneida
Utica
Enchanted Forest
Adirondack Museum
Great Sacandaga Réservoir
Fort Ticonderoga
Hudson
Glens Falls
Saratoga Nat. Hist. Site
Schenectady
Troy
Albany
Howe caverns & Museum
Lake Cayuga
Ithaca
Newton Battlefield Sulivan's Monument
Binghampton
Oneonta
Kingston
Hist. Fort Delaware
Port Jervis
Susquehanna
Scranton
Wilkes-Barre
Beacon
New Rochelle
Yonkers
Paterson
Stamford
Bridgeport
New Haven
Waterbury
New Britain
Hartford
Manchester
Norwich
Springfield
Worcester
Providence
Fall River
Brockton
BOSTON
Waltham
Lowell
Minute Man National Hist. Site
Nashua
Manchester
Concord
Portsmouth
St. Gaudens Nat. His
Quabbin Réservoir
Rhode Island Sound
Long island Soud
Port Jefferson
Montauk
NEW YORK
81
90
88
87
84
80
390
91
93
95
395
195
495

Côte Est

NEW YORK
Statue of Liberty
Elizabeth
Allentown
Fort Hunter Museum
Reading
Mercer Museum
Trenton
Long Branch
Harrisburg
PENNSYLVANIE
Levittown
NEW JERSEY
PHILADELPHIE
Lancaster
Chester
Gettysburg
Gettysburg Nat. Military Park
Susquehanna
Wilmington
Salem
Millville
Aberdeen
Atlantic City
Baltimore
Old Bohemia Church
Dover
Delaware Bay
Annapolis
Arlington
Milford
Cape May
WASHINGTON D.C.
DELAWARE
Alexandria
Belltown
Waldorf
Cambridge
MARYLAND
Chesapeake Bay
Salisbury
Ocean City
Potomac
Lexington Park
G. Washington Bithplace Nat. Monument
VIRGINIA
Reedville
Accomac
CÔTE EST DES ÉTATS-UNIS
0
65 km
Altitude (en mètres)
1000
500
200
Agglomération
Ville principale
Ville secondaire
Curiosité
Aéroport international
Autoroute
Voie rapide

Boston.

DÉCOUVERTE

LES PLUS DE LA CÔTE EST

Une population accueillante

La population de la côte Est est chaleureuse et accueillante. Le voyageur, tout au long de son périple, découvre combien le contact est aisé avec les habitants toujours prêts à discuter. On peut compter sur les Américains pour renseigner et aider le visiteur égaré. N'hésitez pas à vous rendre dans les offices de tourisme (*visitor centers*) des parcs nationaux, le personnel très qualifié se fait un plaisir d'orienter les voyageurs. En outre, on accorde, de manière générale aux États-Unis, une grande importance à la notion de service. Il est donc dans l'ensemble très facile de voyager sur la côte Est.

Une grande offre culturelle

Que ce soit à Boston, à New York, à Philadelphie ou à Washington, en passant par Provincetown au Massachusetts ou Baltimore dans le Maryland, le visiteur est comblé en ce qui concerne les musées. Washington possède des trésors inestimables dans ses musées pléthoriques dont les plus célèbres, la Smithsonian Institution, la National Gallery of Art, la collection Phillips ou le National Museum of Women in the Arts. La majorité des musées sont gratuits, un point fort de la capitale des États-Unis. À Baltimore, au Walters Museum, autre trésor du pays, le visiteur découvre une splendide collection d'art américain et asiatique. À Philadelphie, la Barnes Foundation continue d'attirer des milliers de visiteurs chaque année, heureux de découvrir les toiles des grands maîtres de l'impressionnisme français. Le Philadelphia Museum of Art est l'un des plus beaux du pays et ses collections sont d'une qualité inestimable. Que dire de New York qui compte à elle seule 150 musées dont le plus important d'Occident, le MET, ainsi que le très populaire MoMa ? À Boston, le palais vénitien d'Isabella Gardner conjugue beauté du lieu et richesse artistique. Provincetown accueille de nombreux artistes depuis le siècle dernier et regorge de galeries d'art originales (dans la rue principale).

Une nature insolente

La Nouvelle-Angleterre abrite certains des joyaux des États-Unis. Les White Mountains, chaîne de montagnes du New Hampshire, sont un incontournable de la côte Est, notamment à l'automne. Les amateurs de randonnée, et de sports de plein air en général, sont à la fête. Les cascades invitent à la baignade avant de reprendre la route sur les petits sentiers sillonnant les forêts aux tonalités chaudes. En été, on apprécie de se rafraîchir dans la région des lacs au sud de l'État, dont le gigantesque Winnipesaukee. À la frontière de l'État, le Vermont n'est pas en reste avec les Green Mountains, une autre destination favorite pour une échappée belle en pleine nature. Plus à l'ouest, l'État de New York déroule ses Finger Lakes avant le feu d'artifice des célèbres chutes du Niagara. Intéressé par la faune sauvage ? Direction le Maine pour partir à la recherche du fameux *moose* sur les routes de l'Acadia National Park.

© APHOTOSTORY – SHUTTERSTOCK.COM

Museum of Fine Arts (MFA), à Boston.

On n'oubliera pas les longues plages sauvages de Cape Cod, Martha's Vineyard et Nantucket dans le Massachusetts, et plus au sud, les côtes du New Jersey ou de la baie de Chesapeake.

Une très bonne cuisine

Les produits de la mer sont un incontournable de tout séjour sur la côte. Comment ne pas céder à l'appel des crabes bleus du Maryland ? Et que dire du fondant *crab cake*... La Nouvelle-Angleterre, quant à elle, est probablement la région des États-Unis où l'on mange le mieux. À Boston et dans ses environs, la spécialité est le velouté de palourdes appelé le *clam chowder*, avec des pommes de terre, des oignons et des lardons. Dans les grandes cités, comme à New York, Washington, Boston ou Philadelphie, les cuisines du monde sont bien ancrées dans les traditions du pays : restaurants chinois, japonais, coréens, thaïs... Les saveurs européennes ne manquent pas non plus ; les bistrots français et les trattorias italiennes ont la cote.

Le berceau de la nation américaine

Les États-Unis sont nés dans cette partie de la côte Est des États-Unis, principalement à Boston et Philadelphie. En 1620, les Pilgrim Fathers arrivèrent d'Angleterre à bord du *Mayflower*. Ils débarquèrent sur la péninsule de Cape Cod, dans le Massachusetts. Boston a été fondé en 1630 par ces « puritains » qui fuyaient les persécutions religieuses des autorités anglaises. Pendant la période coloniale, *the Puritan City* – selon l'un de ses multiples surnoms – a résisté à l'oppresseur anglais. C'est d'ailleurs à Boston que la guerre d'Indépendance commença, en 1770. Aujourd'hui, Boston est riche en bâtiments des époques coloniale et révolutionnaire, que l'on peut découvrir le long du Freedom Trail. Un peu plus au sud, à Philadelphie, la Déclaration d'indépendance a été signée en 1776 par Thomas Jefferson et Benjamin Franklin, dans l'Independence Hall. Philly, c'est *America's most historic square mile*, l'endroit le plus riche d'histoire en Amérique.

LA CÔTE EST EN BREF

Pays

- **Nom officiel :** United States of America.
- **Capitale :** Washington D.C.
- **Superficie :** 9,8 millions de km².
- **Langue :** anglais.

Washington

- **Nom officiel :** Washington, D.C. Washington n'est pas un État mais un district, celui de Columbia (District of Columbia). Il ne compte donc pas de gouverneur.
- **Superficie :** 177 km² (105 km² pour Paris).

Philadelphie

- **Nom officiel :** Philadelphia.
- **État :** Pennsylvanie (PA).
- **Superficie :** 369,6 km².

© S.BORISOV – SHUTTERSTOCK.COM

Le city Hall de Philadelphie.

New York

- **Nom officiel :** New York City (NYC).
- **État :** New York State (NY).
- **Superficie de NYC :** 778 km², 59 km² pour Manhattan.

Boston

- **Nom officiel :** Boston.
- **État :** Massachusetts (MA).
- **Superficie :** 232,1 km².

Population

- **Nombre d'habitants :** 337,3 millions d'habitants (2021).
- **Densité :** 35 habitants/km².
- **Espérance de vie :** 78 ans pour les hommes, 83 ans pour les femmes.
- **Taux d'alphabétisation :** 97 %.
- **Religion :** protestants (46,5 %), catholiques (21 %), juifs (1,9 %), musulmans (0,9 %)…

Washington

- **Population :** 702 000 habitants environ.

Philadelphie

- **Population :** 1,603 million d'habitants environ.

New York

- **Population :** 8 805 000 habitants environ.

Le drapeau du pays

Surnommé Stars & Stripes (des étoiles et des bandes), en français la Bannière étoilée, il a été adopté le 14 juin 1777, moins d'un an après la Déclaration d'indépendance, signée le 4 juillet 1776. Il est composé de treize bandes horizontales rouges et blanches en alternance, avec un rectangle bleu dans le coin supérieur gauche. Ce rectangle est parsemé de cinquante petites étoiles blanches disposées en neuf colonnes horizontales, composées alternativement de six et cinq étoiles. Le blanc symbolise la pureté et l'innocence, le rouge le courage et la hardiesse, et le bleu la prudence, la persévérance et la justice. Les cinquante étoiles du drapeau symbolisent les cinquante États du pays, tandis que les treize bandes horizontales représentent les treize États fondateurs de la nation : Connecticut, New Hampshire, New York, New Jersey, Massachusetts, Pennsylvanie, Delaware, Virginie, Caroline du Nord, Caroline du Sud, Géorgie, Rhode Island et Maryland.

Boston

- **Population :** 690 000 habitants environ.

Économie

- **Monnaie :** dollar américain.
- **PIB :** 19 441 milliards de dollars américains (en 2021).
- **PIB/habitant :** 58 527 US$.
- **Taux de croissance :** 5,7 %.
- **Taux de chômage :** 3,6 %.
- **Taux d'inflation :** 9,1 % (juillet 2022).

Décalage horaire

Il est de six heures avec la France. Lorsqu'il est 17h à Paris, il est 11h le même jour à Boston, à New York, à Philadelphie et à Washington.

Climat

Nous vous conseillons de partir au printemps ou en automne. Le mois de septembre et son fameux *Indian summer* (été indien) vous offriront souvent des températures dans les 20 à 25 °C, un beau soleil, un ciel dégagé et une ambiance plus calme là où, en juillet et en août, mois souvent caniculaires et étouffants, certains sites sont surpeuplés.

Enfin, passer les vacances de Noël aux États-Unis peut être une superbe expérience. Il fait très froid, certes, mais un froid sec, beaucoup plus supportable que sous la grisaille et la pluie parisiennes. Le Vermont, le New Hampshire et le Maine doivent définitivement être découverts en automne alors que les forêts se parent de splendides couleurs.

LA CÔTE EST EN 10 MOTS-CLÉS

Amérindiens

Les Amérindiens sont les premiers occupants du continent américain. Ils sont parfois appelés « Indiens » suite à une erreur de Christophe Colomb qui, lors de sa « découverte » de l'Amérique en 1492, pensait débarquer aux Indes orientales (terme qui désignait alors l'Asie du Sud-Est). De nombreuses tribus amérindiennes peuplaient déjà la région de la côte Est : les Wampanoag dans ce qu'est aujourd'hui la Nouvelle-Angleterre, les Chisca dans l'ouest de la Virginie ou encore les Delaware dans l'État du même nom. Ces peuples furent durement éprouvés par l'arrivée des colons qui rapportèrent d'Europe toutes sortes de maladies, contre lesquelles les Amérindiens n'étaient pas immunisés. Des épidémies se propagèrent alors qui, davantage encore que les affrontements, l'esclavage et les famines, décimèrent les populations autochtones.

Appalachian Mountains

La chaîne de montagnes des Appalaches traverse presque tous les États de la côte Est, du Maine à l'Alabama. On peut la découvrir au sud en suivant la Skydrive le long de la Shenandoah Valley en Virginie ou s'engager sur de magnifiques sentiers de randonnée dans les White Mountains du New Hampshire. Certains entreprennent de relier la Virginie au Maine par l'Appalachian Trail, 2 175 miles de trek avalés en six mois – en moyenne ! Mais rassurez-vous, même en voiture le trajet vaut le coup.

Art

La côte Est est une destination rêvée pour les amateurs d'art et notamment de peinture. Les grandes cités de la côte Est comptent parmi les plus importants musées du monde et pourraient justifier d'un circuit culturel. À Philly, il y a deux musées époustouflants, le Philadelphia Museum of Art et la Barnes Foundation. Cette dernière est une collection privée remarquable, connue dans le monde entier pour ses œuvres impressionnistes. Pittsburgh, la ville d'Andy Warhol, offre un musée dédié à l'artiste précurseur du pop'art et le fameux Carnegie Museum of Art. À New York, le Met, le MoMA et le Guggenheim sont des étapes incontournables de tout séjour dans la Grosse Pomme. La capitale, Washington, n'est pas en reste, avec la National Gallery of Art et le Smithsonian Institute, des musées exceptionnels et gratuits !

Big Apple

La « Grosse Pomme » est le surnom qui a été donné à New York. Cette appellation traduit toute l'importance culturelle et artistique de cette ville pour les artistes du monde entier. Différentes petites histoires racontent l'origine de « Big Apple », sans que l'on sache laquelle croire. Ce nom pourrait avoir été donné par les artistes qui se produisaient à New York dans les années 1930. Pour les artistes, qu'ils soient comédiens et/ou musiciens, jouer à New York représentait une consécra-

© LUCIANO MORTULA – LGM

Times Square.

tion. Un jour, l'un d'entre eux déclara à ce sujet : « Il y a beaucoup de pommes dans l'arbre du succès, mais quand tu joues à New York, tu cueilles la grosse pomme. » Une autre version de l'histoire nous apprend que les artistes surnommaient « la pomme » la boule que l'on a dans la gorge ou au niveau de l'estomac quand on a le trac. Pour eux, se produire à New York, c'était la « grosse pomme ». L'origine de ce surnom est peut-être aussi due au nom d'un night-club de Harlem qui s'appelait The Big Apple.

Capitole

Situé sur le National Mall à Washington, à l'opposé du Washington Monument, le Capitole est l'organe représentant le pouvoir législatif où siège le Congrès des États-Unis. Il est divisé en deux chambres : le Sénat (aile nord) ou chambre haute (100 sénateurs, deux par État), et la Chambre des représentants (aile sud) ou chambre basse (435 députés). Les membres sont élus au suffrage universel direct. La construction du Capitole s'est poursuivie de 1783 à 1830, car le bâtiment a été en partie incendié par les Anglais pendant la guerre de 1812. Avant d'être à Washington, les membres de la branche législative du gouvernement se trouvaient à New York (de 1789 à 1790), puis à Philadelphie (de 1790 à 1800).

Freedom Trail

Cet épais trait rouge peint sur les trottoirs permet de découvrir sans se perdre seize sites et monuments de Boston datant des périodes coloniale et révolutionnaire. La balade de 4 km débute au parc Boston Common et va jusqu'au monument Bunker Hill à Charlestown, permettant une sorte de visite guidée sans guide. Une trouvaille ingénieuse qui permet de découvrir la Massachusetts State House, le Granary Burying Ground, le Old Corner Bookstore, la Old State House, Faneuil Hall et Quincy Market, la maison de Paul Revere, la Old North Church, la USS Constitution et le monument de la bataille de Bunker Hill. Compter une journée entière pour suivre ce fil rouge de A à Z.

Hipsters

On entend claironner *the hipsters are over* (« les hipsters sont finis ») depuis un certain temps déjà et pourtant, vous en croiserez forcément pendant votre séjour sur la côte Est, en particulier dans les grandes villes. Leur lieu de prédilection : les coffee shops, de Brooklyn au quartier de Fishtown à Philly en passant par Allston-Brighton à Boston. Si le terme désignait dans les années 1940 les Blancs amateurs de jazz qui imitaient le style vestimentaire des musiciens afro-américains, le hipster des temps modernes est un anticonformiste autoproclamé, amateur de *vintage* au style à la fois travaillé et faussement négligé. C'est un créatif qui rejette le *mainstream*, bien qu'il soit lui-même affilié à une certaine mode. Sa présence fait généralement doubler le prix du café.

Ivy League

C'est le réseau des huit universités les plus vieilles et prestigieuses des États-Unis, toutes situées dans la région Nord-Est. Ce surnom leur vient du lierre (*ivy* en anglais) qui court le long des murs des vieilles bâtisses de briques. Élitistes, elles ont fait l'objet ou le décor de nombreux films hollywoodiens et sont le gage de frais de scolarité exorbitants et d'un bizutage en règle dans les fraternités. Parmi elles, les plus célèbres sont sans doute l'université Columbia à New York (fondée en 1754), Harvard à Cambridge, près de Boston (1636), Princeton, dans le New Jersey (1746), ou encore Yale à New Haven, Connecticut (1701).

Maison-Blanche

Le lieu de résidence et de travail du président américain se trouve près de deux grands musées de la ville, la Corcoran Gallery of Art et la Renwick Gallery. C'est le président George Washington qui décida de son emplacement, en collaboration avec le Français Pierre-Charles L'Enfant. L'architecte James Hoban débuta les travaux en 1792 (terminés en 1800). La Maison-Blanche comporte 132 pièces, dont le Bureau ovale. Le premier président à y avoir résidé fut John Adams. Depuis 2001, on ne peut plus la visiter, à moins de faire une demande auprès de son ambassade à Washington, six mois à l'avance. On peut cependant se balader devant la façade nord du bâtiment, où se trouve le Lafayette Square avec, en son milieu, une grande statue du général.

Red Sox

Les Bostoniens sont particulièrement fans de leur équipe de baseball. Ils ne s'arrêtent pas au port de maillots et casquettes à l'effigie des Red Sox mais arborent souvent des tatouages du « B » calligraphié ou de la paire de chaussettes rouges mythique. Fenway Park, le stade des Red Sox, est le plus vieux stade de baseball des États-Unis et a été construit en 1912. Les Red Sox de Boston sont la plus vieille *league* de baseball encore en activité en Amérique. Ils ont gagné pour la première fois les World Series en 1903 contre les Pittsburgh Pirates et en 2013, ils la remportent pour la huitième fois. Leurs rivaux historiques sont les New York Yankees.

SURVOL DE LA CÔTE EST

Géographie

Washington D.C.

La capitale fédérale des États-Unis marque l'extrémité méridionale de BosWash, la mégalopole du nord-est du pays, et se trouve sur la limite des États du Maryland (au sud-est, au nord-est et au nord-ouest) et de la Virginie (au sud-ouest). La ville se trouve divisée en quatre quadrants, qui servent à se repérer : NorthWest (NW), NorthEast (NE), SouthEast (SE) et SouthWest (SW). A l'intersection de ces quadrants s'érige le Capitole. Les panneaux qui indiquent les rues sont systématiquement renseignés de l'indication NW, NE, SE ou SW. Washington fait 177 km, selon le Census Bureau, dont 18 km occupés par des plans d'eau ou des cours d'eau, comme Anacostia, le Potomac et le Rock Creek. Le point le plus haut de la ville se trouve à Tenleytown (à côté de l'American University), à 125 m d'altitude, et les rives de l'Anacostia et du Potomac se trouvent au niveau moyen de la mer. Le climat est tempéré ou subtropical, avec de grandes variations entre l'été et l'hiver. Chaque année, il tombe en moyenne 800 mm de pluie. L'été, il fait très chaud et humide (environ 30 °C, avec des pointes allant au-dessus des 38 °C). Le printemps et l'automne sont plutôt doux (températures moyennes d'environ 20 °C). L'hiver est froid (environ 6 °C en janvier), avec souvent des chutes de neige (38 cm par an en moyenne) qui se transforme en glace ! A Washington, les parcs et jardins sont nombreux : Woodley Park, Rock Creek Park, Theodore Roosevelt Island Memorial Park, President (en centre-ville autour de la Maison-Blanche), le National Arboretum et les jardins de Dumbarton Oaks. Tout le long du National Mall, les espaces de verdure sont appréciés des visiteurs, surtout aux beaux jours.

Skyline de Philadelphie.

Pennsylvanie

Avec ses 369,4 km², dont 349,9 km² de terre, et ses 19,6 km² de plans d'eau, Philadelphie se trouve à l'extrémité amont de la baie Delaware, au confluent des fleuves Delaware et Schuylkill dont les vallées donnent accès à la montagne appalachienne. Philadelphie incarne l'unique débouché maritime de l'État de Pennsylvanie. Le climat est de type subtropical humide, avec un été souvent chaud et humide (entre 21 et 30 °C en juillet), un automne et un printemps doux, et enfin un hiver froid (température moyenne de -4 à 4 °C). Il y a environ 8 à 11 jours de pluie par mois avec, sur l'année, un total de 1 068 mm de précipitations. Il n'y a pas de grands parcs dans la ville. En revanche, il y a le Rittenhouse Square dans le centre-ville, des arbres et des coins verts tout au long du Benjamin Franklin Parkway où se trouve le fameux Philadelphia Museum of Art. Dans le centre-ville, vaste et aéré, il est facile de se repérer grâce à un rigoureux plan en damier. En s'enfonçant dans les terres, dans l'État de Pennsylvanie, on quitte rapidement le climat océanique, d'autant que les montagnes s'interposent pour imposer un climat plus rude en hiver.

New York

Par abus de langage, le nom New York désigne souvent très précisément New York City, alors que l'État porte le même nom. La ville elle-même se trouve souvent réduite à Manhattan, que les New-Yorkais nomment The City par opposition aux boroughs de Brooklyn, du Bronx et du Queens (baptisés avec dérision BBQ), qui constituent, avec Staten Island, le Grand New York. Seul le Bronx fait partie du continent ; les quatre autres boroughs, dont Manhattan, sont des îles. L'île de Manhattan mesure 14 miles (21 km) en longueur et 2,5 miles (4 km) dans sa partie la plus large, à hauteur de la 14e rue. Manhattan est bordée à l'ouest par l'Hudson River (ou encore la North River) qui, à ce stade, n'est plus un fleuve mais un estuaire. L'Hudson River, qui prend sa source dans les Adirondacks, au lac des Nuages, est navigable sur 200 miles (environ 350 km) entre Albany et New York. A l'est, l'East River sépare Manhattan de Long Island. L'East River et l'Hudson River se rejoignent au sud de Manhattan. Au-delà s'ouvre la baie de New York, considérée, comme celle de Sydney, comme l'un des meilleurs ports naturels du monde.

Le reste de l'État de New York d'une superficie de 128 402 km² a 7 États limitrophes : il est bordé au nord et à l'ouest par l'Ontario et le Québec (provinces canadiennes), à l'est par le Vermont, le Massachusetts et le Connecticut et au sud-ouest par le New Jersey et la Pennsylvanie. New York possède non seulement une ouverture sur l'océan Atlantique mais également sur deux des Grands Lacs nord-américains : le lac Erié et le lac Ontario. Les lacs sont très présents dans la région Nord-Est du pays et l'État de New York en est également parsemé : le lac Champlain le séparant de la partie supérieure du Vermont, les Finger Lakes dans la région Ouest, et les lacs de la région des Adirondacks sont les principaux. A tous ces points d'eau s'ajoutent les fameuses chutes du Niagara partagées avec le Canada. L'État est également riche en relief grâce à ses massifs montagneux du nord et du sud-est : les Adirondacks et les Catskills.

Massachusetts

La ville de Boston se trouve au fond de la large baie du Massachusetts, encombrée de drumlins. Située au nord de BosWash, l'agglomération de Boston recouvre un moutonnement de collines morainiques. Au XVIIe siècle, Boston se trouvait sur la péninsule de Shawmut, rattachée au continent par un isthme étroit. A l'ouest, les marais nauséabonds envahis fréquemment par l'eau furent asséchés. Aujourd'hui, cette zone correspond au quartier sympa de Back Bay. A cette époque, Boston était entourée par trois collines, les Trimountains. Aujourd'hui, il ne reste que celle de Beacon Hill, et la ville se trouve principalement implantée sur des terre-pleins artificiels. Sa situation géographique lui fut favorable jusqu'au XIXe siècle : Boston est située sur la côte orientale de l'État du Massachusetts, plus proche de l'Europe Occidentale que New York. Son port, non loin des eaux profondes de la baie du Massachusetts, fut longtemps très actif (port de pêche, de commerce et de cabotage). La Charles River et la Mystic River facilitent la communication avec l'intérieur des terres. Trois parcs se trouvent dans la ville : Boston Common, Back Bay Fens et Rose Kennedy Greenway. Le climat est tempéré de façade orientale, avec une amplitude thermique importante (25 °C). En effet, le Massachusetts ne profite ni du rôle de régulateur thermique de l'océan Atlantique ni des effets du Gulf Stream. Les flux méridiens, froids en hiver et chauds en été, causent des perturbations. Chaque année, on compte 1 054 mm de précipitations (pluie ou neige). Les pluies sont plus fortes en novembre. C'est une région intéressante pour sa faune diversifiée, avec en vedette incontestée les baleines que l'on peut découvrir à Cape Cod. Des associations de la région s'érigent contre le va-et-vient des bateaux qui tueraient chaque année des centaines de ces mammifères marins.

Vermont

Le Vermont, avec ses 25 000 km², est un État en grande majorité rural, le seul de Nouvelle Angleterre à n'avoir pas d'ouverture sur l'Atlantique. On peut diviser l'État en cinq zones géographiques. La région du nord-est constituée de monts granitiques où s'écoulent de nombreux torrents. Les hautes terres de l'ouest, à la frontière du Connecticut et du Massachusetts, sont des terres fertiles irriguées par la Connecticut River. On y trouve de nombreux lacs. Le centre du Vermont est quant à lui recouvert par la chaîne des Green Mountains qui traverse l'État du nord au sud, de la frontière canadienne au Massachusetts et abrite le point culminant du Vermont, le mont Mansfield (1 340 m). Par beau temps, le mont Mansfield offre une vue panoramique sur le Québec, les États du New Hampshire et de New York. Cette zone représente également le centre touristique de l'État. Au sud-ouest se trouve la région des montagnes Taconic, paysage bucolique de cascades et de lacs au cœur des montagnes. Quant au nord-est, les terres agricoles se concentrent dans la fertile vallée Champlain autour de la ville de Burlington.

New Hampshire

Les 24 000 km² du New Hampshire sont traversés par la célèbre chaîne de montagnes des Appalaches. Mais c'est probablement pour la chaîne des White Mountains qui s'étend au nord-est de l'État que le New Hampshire est prisé des randonneurs de tout le pays.

Le légendaire Mount Washington qui culmine à 1 920 m, balayé par de très forts vents quasiment toute l'année, appartient à cette chaîne de montagnes. Entreprendre son ascension est une vraie gageure mais nombre de marcheurs relèvent le défi tous les ans, y perdant parfois la vie. La région du sud-est contraste avec le nord, c'est ici le domaine des lacs, on en compte plus d'un millier, et notamment le plus célèbre d'entre eux : le Winnipesaukee et ses 190 km². Le New Hampshire concentre sur son petit territoire une grande diversité de paysages, ce qui en fait la destination nature par excellence.

Maine

Le Maine est le plus étendu des États de Nouvelle-Angleterre (90 000 km²), dont 90 % sont recouverts par la forêt. La très longue côte du Maine est ponctuée de longues plages au sud, qui se transforment en plus petites criques creusées dans les falaises au nord. La fonte des glaces, à la fin de la période glacière, a recouvert une partie des terres, formant un grand nombre d'îles et d'îlots au large des côtes, dont la plus grande et la plus connue est sans aucun doute Mount Desert Island, englobée aujourd'hui dans le Parc National d'Acadia et sur laquelle se dresse le mont Cadillac. En longeant les côtes mais plus à l'intérieur des terres, les plages font place aux marais salants. Au nord-est du Maine se trouve une bande de terre fertile nommé le plateau Aroostoock, où la pomme de terre est cultivée, ces terres sont traversées par de nombreuses rivières qui se jettent dans de grands lacs. A l'est, la chaîne des White Mountains traverse la frontière du New Hampshire jusqu'au mont Khatadin, point d'orgue du célébrissime trek des Appalaches. Le Maine demeure un État vierge, peu exploité par l'homme, bien que l'on y pêche plus de 3 millions de homards chaque été !

Climat

L'hiver est ici rude, plutôt sec et très froid (surtout de novembre à mars). Il n'est pas rare que la neige dépose un manteau blanc sur les rues de Boston. Dans cette ville, il y a fréquemment des tempêtes de neige. Les résidents ont des pelles avec lesquelles ils déblaient la masse de neige qui s'est déposée devant chez eux dans la nuit...
A cette époque de l'année, impossible de se passer d'un bonnet, de gants et d'un gros manteau. Idem à Philly et à Washington. En revanche, l'été est chaud dans la région, humide et lourd également, ce qui peut être pénible en juillet et en août. Le climat est idéal au printemps et en septembre (le célèbre « été indien »), où le mercure demeure souvent dans les 20 °C et plus. Le nord de la Nouvelle-Angleterre, dans le Vermont, le New Hampshire et le Maine, bénéficie d'un climat de façade orientale. Ses hivers sont généralement longs et très rigoureux (y surviennent des blizzards), les étés sont chauds et sont arrosés par d'abondantes pluies et orages, ce qui donne à la région un aspect verdoyant. Les printemps y sont doux et pluvieux, ainsi que l'automne, qui est certainement la plus belle et la plus agréable des saisons dans la région. Il est courant que dès le mois d'octobre on assiste aux premières chutes de neige sur les hauteurs du Vermont et du New Hampshire. Le climat du nord

de la Nouvelle Angleterre est caractérisé par des hivers longs et rigoureux avec d'importantes chutes de neige. Le reste de l'année le climat peut être très changeant mais les étés sont dans l'ensemble très agréables, ensoleillés, avec des températures raisonnables et des orages ponctuels. C'est l'unique période où la baignade est possible, car les eaux de l'Atlantique sont fraîches. La période à privilégier reste cependant l'automne, de mi-septembre à mi-octobre. Les forêts prennent à cette saison des teintes incroyables et si le soleil est de la partie, les paysages sont alors inoubliables.

Environnement

Souvent montrés du doigt sur la scène internationale, les États-Unis ne font pas figure de bon élève sur les questions liées à l'environnement. Refusant de signer le protocole de Kyoto prévoyant une régulation de l'émission des gaz à effets de serre, le pays s'est taillé une image de nation mettant ses intérêts économiques à court terme au premier plan de ses préoccupations.
Comme souvent, la réalité est plus complexe, et les diverses politiques adoptées par les États, comme par le gouvernement fédéral, sont pour certaines très avancées en matière de protection de l'environnement. Les lobbys écologistes sont à tous les niveaux du pouvoir à Washington, et les activistes sont nombreux. Conscients très tôt de la richesse de la nature qui les environne, les Américains ont initié dès 1872 la création de parcs nationaux destinés à la protéger. La protection des forêts est également, depuis la fin du XIXe siècle, une préoccupation majeure des autorités, qui tentent de concilier tant bien que mal exploitation industrielle et renouvellement des espèces prélevées. Aujourd'hui, les forêts couvrent 226 millions d'hectares dans le pays, dont un tiers est protégé contre la coupe illégale.
En 1962, la biologiste Rachel Carson publie le livre *Le Printemps Silencieux*, qui dénonce l'utilisation abusive des pesticides. Selon certaines hypothèses, ce livre, écrit par une Américaine donc, serait à l'origine de la mouvance écologiste mondiale. Depuis 1918 et le traité de protection des oiseaux migrateurs, de très nombreuses lois ont été votées aux États-Unis dans un but de préservation de l'environnement. Le pays s'est également engagé dans le développement des énergies renouvelables, même si à l'échelle de la consommation du pays, on peut regretter que les progrès soient moins rapides que la propension de ses habitants à brûler des énergies fossiles. À l'échelle des États, les politiques environnementales sont souvent plus avant-gardistes que celles du gouvernement fédéral. La Nouvelle-Angleterre est par ailleurs particulièrement active en matière de protection de l'environnement, et est comme la Californie favorable au respect des normes de Kyoto.
L'agriculture dans la région Nord-Est est particulièrement respectueuse de l'environnement et les Américains sont très fiers de consommer des produits locaux de leur région. Les petites propriétés agricoles du Nord-Est sont bien loin de la production bovine de masse des États du Sud. Le mouvement farm-to-table (de la ferme à la table) devient très tendance chez les restaurateurs et les consommateurs.

Faune et Flore

C'est en Nouvelle-Angleterre que la faune est la plus importante ; ici, la nature l'emporte de loin sur les villes, et spécialement dans les trois États du nord. On peut notamment se mettre en quête des élans, emblématiques de la région. Les rencontres avec les ours noirs ne sont pas rares dans la chaîne des Appalaches, particulièrement dans les White Mountains. En outre, la péninsule de Cape Cod offre une faune et une flore variées. Côté faune, il y a des baleines à bosse, des baleines franches, des tortues, des oiseaux (pluvier siffleur) et des phoques (environ 2 500 sur l'île de Muskeget). Côté flore, le visiteur découvre avec plaisir les forêts et la végétation dunaire (à Provincetown notamment). Plusieurs réserves participent à la protection de l'écosystème : le Monomoy National Wildlife Refuge, le Wellfleet Bay Wildlife Sanctuary et le Cape Cod National Seashore Park (11 000 ha).

Sur les îles de Martha's Vineyard et de Nantucket, les réserves naturelles, les plages (comme Long Point Wildlife Refuge Beach, à Vineyard Haven), les lacs et les rivières ravissent le voyageur. Mais partout dans le nord-est des États-Unis, dès la frontière des villes franchie, la nature prend le dessus, l'homme se fait plus rare, et les animaux sont nombreux. Les Américains prennent l'habitude de conduire prudemment dès qu'ils quittent les autoroutes pour emprunter le réseau secondaire, pour éviter les accidents.

Ours dans le parc national de Shenandoah.

HISTOIRE

- **Début du XIe siècle>** Leif Eriksson est le premier Européen à fouler le sol du continent américain.
- **9 novembre 1620 >** Les Pilgrims arrivent à bord du Mayflower, à Cape Cod.
- **1624>** Installation des premiers colons sur le site de New York.
- **17 septembre 1630>** Installation des premiers colons sur le site de Boston.
- **1634>** Création de la colonie du Maryland.
- **1636>** Création de la colonie de Rhode Island. Création de l'Université d'Harvard.
- **1638>** Création de la Colonie du Delaware.
- **1643>** Création de la Confédération de Nouvelle-Angleterre.
- **1682>** Installation des premiers colons sur le site de Philadelphie. Création de la province de Pennsylvanie.
- **1692>** Procès des sorcières de Salem, dans le Massachusetts.
- **25 octobre 1701>** Création officielle de la ville de Philadelphie.
- **16 décembre 1773>** La Boston Tea Party (révolte contre le Parlement britannique)
- **4 juillet 1776 >** Les 13 colonies signent la Déclaration d'Indépendance des États-Unis à Philadelphie. Cette année-là, le New Hampshire ratifie la première constitution d'un État.
- **21 septembre 1776>** Grand incendie de New York.
- **3 septembre 1783>** Le traité de Paris ratifie l'indépendance des États-Unis.
- **4 mars 1789>** George Washington est élu premier président des États-Unis.
- **16 juillet 1790>** Décision du Congrès de créer la ville de Washington.
- **1791>** La République indépendante du Vermont rejoint les États-Unis.
- **24 août 1814>** Incendie de Washington par les troupes britanniques.
- **4 mars 1822>** Création officielle de la ville de Boston.
- **6 novembre 1860 >** Abraham Lincoln devient le 16e président des États-Unis.
- **12 avril 1861>** Début de la guerre de Sécession.
- **1-3 juillet 1863>** Bataille de Gettysburg.
- **9 avril 1865 >** Fin de la guerre de Sécession.
- **14 avril 1865 >** Assassinat d'Abraham Lincoln.
- **24 mai 1883>** Ouverture du pont de Brooklyn.
- **1898>** Création officielle de la ville de New York.
- **24 octobre 1929>** Krach boursier à Wall Street.

- **7 novembre 1929>** Ouverture du Museum Of Modern Art (ou MoMA) à New York.
- **7 décembre 1941>** Attaque de Pearl Harbor par la flotte japonaise.
- **16-28 octobre 1962>** Crise des missiles de Cuba.
- **28 août 1963>** Discours de Martin Luther King à Washington.
- **22 novembre 1963>** Assassinat de John F. Kennedy.
- **2 juillet 1964>** Signature du Civil Rights Act, rendant illégale la ségrégation raciale.
- **2 août 1964>** Début de la guerre du Vietnam.
- **21 février 1965>** Assassinat de Malcolm X à Harlem.
- **20 juillet 1969>** Mission Apollo 11.
- **1973>** Scandale du Watergate.
- **1989>** L'ouragan Hugo s'abat sur la côte Est.
- **2 août 1990>** Début de la guerre du Golfe.
- **11 septembre 2001>** Attentats terroristes contre les tours du World Trade Center à New York et le Pentagone à Washington.
- **7 octobre 2001>** Les États-Unis entrent en guerre contre le régime taliban en Afghanistan.
- **20 mars 2003>** Les États-Unis entrent en guerre contre l'Irak.
- **2005 >** Ouragan Katrina ; la ville de La Nouvelle-Orléans est ravagée.
- **2007 >** Crise des subprimes.
- **4 novembre 2008>** Barack Obama devient le premier président afro-américain des États-Unis.
- **Octobre 2012>** L'ouragan Sandy s'abat sur la côte est.
- **6 novembre 2012>** Obama est réélu à la tête du pays.

Représentation de George Washington devant le Congress Hall le 4 mars 1793, Philadelphie.

La Déclaration d'indépendance, par John Trumbull, 1817, Boston.

14 décembre 2012> Tuerie de masse à Newtown, dans le Connecticut. Un jeune déséquilibré tue 26 personnes, dont 20 enfants dans l'école primaire du village de Sandy Hook.

12 juin 2016> Fusillade de masse à Orlando en Floride, qui vise une boîte de nuit LGBT. L'attentat terroriste qui fait 49 victimes est revendiqué par l'État islamique.

8 novembre 2016> Donald Trump devient le 45e président des États-Unis.

1er juin 2017> Trump annonce le retrait des États-Unis de l'accord de Paris sur le climat.

1er octobre 2017 > Tuerie de masse à Las Vegas, dans le Nevada, perpétrée par un déséquilibré. Avec 58 victimes, elle devient la fusillade la plus meurtrière de l'histoire moderne des États-Unis.

6 novembre 2018> Suite aux midterms elections (élections de mi-mandat), les démocrates prennent le contrôle de la Chambre des représentants tandis que les républicains conservent le Sénat.

22 décembre 2018 > Faute d'accord sur le budget entre le Congrès et Donald Trump, le pays entre dans le plus long shutdown de son histoire, qui durera 35 jours.

2020> Les États-Unis fêtent les 400 ans de l'arrivée du Mayflower et ses Pères Pèlerins. La ville de Plymouth et le cap Cod, dans le Massachusetts, sont au centre des manifestations.

2021 > Joe Biden devient le 46e président des États-Unis et sa première année de mandat est évidemment marquée par sa politique de relance économique en pleine pandémie de Covid-19, l'American Rescue Plan Act, mais aussi par le retrait total des États-Unis d'Afghanistan en août.

POPULATION

Démographie

Les Etats-Unis comptent aujourd'hui 337,3 millions d'habitants (estimation 2021 du bureau de recensement). La population est dans son ensemble le fruit d'un métissage, à l'œuvre depuis l'arrivée des premiers colons au XIVe siècle. Les premiers d'entre eux sont espagnols, français ou hollandais, mais les Anglais sont les plus nombreux à s'installer, ce jusqu'à la fin du XVIIe siècle, poussés par la couronne britannique. Les Pilgrim Fathers, membres symboliques d'une des premières vagues d'immigration du pays, débarquent du Mayflower en 1630 et sont considérés comme les pères de la nation. A la fin du XVIIe siècle, l'afflux massif d'esclaves venus d'Afrique va participer à son tour au métissage de la population américaine. Bientôt, des immigrants affluent d'Écosse, d'Irlande, d'Allemagne, de France, de Hollande, d'Italie, de Russie, de Pologne, de Scandinavie, de Grèce, du Japon, de Chine, d'Afrique et d'Amérique du Sud, posant les bases du melting-pot culturel et ethnique que sont les États-Unis aujourd'hui. La porte d'entrée des migrants européens est la plupart du temps la côte nord-est du pays, qui est une des zones les plus multiculturelles du territoire. Les Amérindiens, décimés par les maladies et les massacres des colons, ne sont plus qu'une portion congrue de la population totale. Les régions moins urbaines de Nouvelle-Angleterre (notamment le New Hampshire) ont une population majoritairement qualifiée de WASP (White Anglo-Saxon Protestant) ; ces protestants blancs anglo-saxons sont les descendants directs des colons européens.

Manhattan.

Education

Le système éducatif des États-Unis est très nettement différent de celui de la France, surtout dans son financement. Les études supérieures reviennent très cher aux familles ou aux enfants, car l'éducation n'est pas un service public de l'État. En moyenne, une année à l'université coûte entre 23 000 et 45 000 €. Des aides financières existent sur critères sociaux, mais elles restent rares. Chaque famille qui le peut emprunte (le crédit est très courant aux États-Unis, avec pourtant des taux astronomiques) et le jeune commence souvent sa vie active en remboursant ses dettes. Les salaires en sortie d'école sont souvent considérés comme plus élevés qu'en France, mais il faut prendre en compte ces remboursements de prêts. Le nord-est des États-Unis compte parmi les universités les plus anciennes et prestigieuses du pays, telles que Columbia à Manhattan, Harvard près de Boston ou encore Princeton dans le New Jersey.
Le lycée est appelé *high school*, les quatre premières années de faculté *college*, puis on peut ensuite aller en *graduate school*, qui pourrait correspondre à nos troisièmes cycles. Bien souvent, les étudiants prennent une *gap year*, une année sabbatique, ou travaillent pour faire des économies entre ces deux dernières étapes de leur éducation. Il n'est pas rare de croiser des étudiants en master qui ont la trentaine et des enfants.

Protection sociale

Le 28 juin 2012, Barack Obama est entré dans l'histoire de la protection sociale aux États-Unis, après les présidents Truman et Roosevelt, avec la réforme de santé Obamacare, entrée en vigueur en octobre 2013. Le projet avait vocation à assurer au plus grand nombre une couverture sociale minimale, qui leur éviterait de risquer la faillite lors d'une éventuelle maladie. Cette loi sur la protection des patients et l'accès abordable aux soins a permis de faire chuter le nombre total d'adultes sans assurance de 18 % à 13,4 % en seulement un an. Si Donald Trump a tenté de l'abroger, elle est toujours là aujourd'hui.
Très différente de celle que l'on connaît en France, la sécurité sociale existe néanmoins aux États-Unis. Jusqu'à la mise en place d'Obamacare, elle ne concernait cependant que des catégories de population bien précises : Medicare, pour les personnes de plus de 65 ans et les handicapés, et Medicaid, pour les personnes et foyers les plus défavorisés. Les autres Américains devaient souscrire à des plans privés d'assurance médicale à des prix exorbitants.

Religion

La diversité des confessions est importante sur la côte Est des États-Unis. Depuis le XIXe siècle, Boston est le centre majeur du catholicisme aux États-Unis, avec le Boisi Center for Religion and American Public Life, la plus ancienne université jésuite des États-Unis. Le chef-lieu du Massachusetts est également le siège d'un archevêché catholique. Enfin, les descendants des émigrés d'Europe de l'Est constituent une communauté orthodoxe importante. Le judaïsme se trouve également bien représenté.
Mais la majorité de la population de la côte Est est, à l'image du pays, de confession protestante.

ARTS ET CULTURE

Architecture

Avant la Guerre d'indépendance, le style classique anglais servit d'inspiration au style colonial qui se répandit dans tout l'est du pays. A partir de la fondation de la ville de Washington, vers 1800, le style français commença à servir de modèle aux édifices publics (comme le Capitole par exemple). Au début du XXe siècle, une nette rupture avec la tradition s'amorça : gratte-ciel et maisons particulières de style colonial illustrèrent les nouvelles tendances des constructions architecturales. Au moment des persécutions nazies en Europe, de nombreux architectes s'exilèrent aux Etats-Unis, et avec eux les tendances de l'avant-garde occidentale, comme ce fut particulièrement le cas des architectes du Bauhaus de Munich, représentés, entre autres, par Gropius, Breuer ou encore Mies van der Rohe, dont l'influence fut considérable. Sur le plan du renouvellement des formes, l'œuvre de Frank Lloyd Wright connut le plus grand rayonnement : inspiré par l'architecture japonaise classique, Wright s'employa à intégrer le bâtiment dans le paysage, en recourant à des matériaux naturels comme le bois ou la pierre. Richard Neutra reste aussi l'un des grands spécialistes de la maison individuelle. D'autres architectes ont laissé leur empreinte aux Etats-Unis dont, pour n'en citer que quelques-uns, Ero Saarinen (auquel on doit l'usine General Motors de Detroit), Harrisson, Abramovitz, Gordon Bunschaft, Philip Johnson et Nowicki.

Washington D.C.

Dans la capitale fédérale, le visiteur ne trouvera aucun gratte-ciel caractéris-

Immeubles à Tribeca, Manhattan.

© AMEDVED

Maisons vers Dupont Circle à Washington DC.

tique des métropoles américaines. Le paysage urbain s'en trouve particulièrement aéré. On se déplace sur de larges avenues (le National Mall par exemple). Son plan orthogonal, conçu par l'architecte et urbaniste français Pierre Charles L'Enfant, trace des axes obliques différents de la structure en damier (comme à New-York par exemple). Les bâtiments officiels et les monuments ont une place plus importante que les immeubles où les gens habitent. A Washington, l'urbanisme est homogène. L'idée de départ est de créer une ville monumentale. Voici les différents styles d'architecture que l'on y découvre : style néo-classique (dans la tradition des Beaux-Arts) pour le National Mall, le Capitole (inspiré des deux premiers étages de la Leinster House, le siège du Parlement irlandais de Dublin), le Washington Monument, le Lincoln Memorial (de marbre et de calcaire blancs, il reprend la forme d'un temple dorique) et le Jefferson Memorial (inspiré du Panthéon de Rome), et le style gothique pour le Castle (le Château) de la Smithonian Institution, construit par Renwick, un ensemble hétéroclite en brique rouge avec des emprunts byzantins, romans, lombards et d'autres ajouts personnels.

Philadelphie

Philadelphie est l'une des plus anciennes villes américaines, dont certains bâtiments datent du XVIIIe siècle, ce qui est rare pour les Etats-Unis. Avant la Guerre d'indépendance, le style classique anglais sert d'inspiration ; c'est ce qu'on appelle l'architecture coloniale. Elle se répand dans tout l'Est du pays et se caractérise par des constructions dans le style géorgien (briques rouges, édifices aux formes simples et relativement symétriques). Independence Hall ou Carpenter's Hall, dans le quartier historique, en sont deux parfaits exemples.

Après la Guerre d'indépendance, la jeune nation s'intéresse au style néo-classique. Affranchie de la tutelle britannique, elle se veut comme une nouvelle Athènes, foyer de la démocratie. Les colonnes, dômes et frontons exercent un véritable attrait sur les architectes travaillant aux Etats-Unis. Ainsi, la façade du Philadelphia Museum of Art, fondé en 1876, évoque clairement un temple grec. De nombreux immeubles à Philadelphie s'inspirent également de la France ; la bibliothèque municipale est une réplique de l'hôtel de Crillon à Paris, et le City Hall est construit dans un style néo-Renaissance qui rappelle le Louvre ou l'Hôtel de Ville de Paris

Philadelphie dévoile son premier gratte-ciel en 1932. Il s'agit du Philadelphia Savings Fund Society, au coin de Market Street et de 12th Street. Mais, pendant longtemps, la ville n'a pas d'immeubles très élevés, en raison d'une règle tacite qui interdit d'édifier des bâtiments plus hauts que la statue de William Penn, située au sommet de la tour de l'Hôtel de Ville. Pourtant, en 1987, le One Liberty Place, dont l'architecture s'inspire fortement du Chrysler Building de New York, dépasse les 200 mètres de haut. Depuis, Philadelphie a, comme les autres métropoles américaines, son quartier des affaires, et compte cinq gratte-ciel. Les nombreux projets de tours témoignent de la renaissance économique de la ville ; le Comcast Center (297 mètres) est le plus impressionnant. Le Philadelphia Museum of Art va, lui, connaître d'importants travaux d'agrandissements jusqu'en 2024, sous la houlette du célèbre architecte Franck Gehry. La plupart des immeubles résidentiels sont appelés rowhouses, comme à Boston et à Baltimore.

New-York

Eclectisme et contraste définissent parfaitement l'architecture new-yorkaise. Tous les styles, tous les matériaux possibles, toutes les hauteurs et toutes les formes cohabitent à Manhattan. Au fil de son histoire et des innovations techniques, l'architecture de New-York s'est inspirée de l'Europe avant de prendre ses propres marques, vers le milieu du XXe siècle.

Les origines. Du style géorgien caractérisant la période coloniale hollandaise et anglaise au XVIIe siècle, presque rien ne subsiste en raison d'incendies qui ravagèrent la ville, notamment en 1776, et laissèrent place à de nouvelles constructions. De ce style, il reste cependant un vestige : Saint Paul's Chapel, dans le Lower Manhattan. Après l'Indépendance, une architecture de style fédéral s'imposa, un style plus simple que le précédent inspiré des arts roman et grec antique, à l'image du City Hall, qui a une petite touche de Renaissance française. Le style fédéral fut suivi de près par le style néogothique – illustré par Saint Patrick's Cathedral et Trinity Church – et par le style néoclassique, qui fleurit dans les premières décennies de la nouvelle nation sous la forme de bâtiments carrés de deux ou trois étages, avec des balustrades et des éléments décoratifs soigneusement équilibrés.

Les brownstones. Au milieu du XIXe siècle ont été créés de nombreux hôtels particuliers (mansions) ressemblant à de petits châteaux inspirés par la Renaissance française, comme en témoigne le bâtiment du Jewish Museum (1808). Abondante et peu onéreuse, trouvée sur les rivages du Connecticut River, la sandstone (le « grès ») devient le matériau de construction le plus courant des années 1800.

Les cast iron. Lorsque, vers 1850, la fonte fait son apparition, les cast iron buildings supplantent les brownstones, pour des raisons économiques – la fonte est moins chère que la pierre ou la brique – mais aussi pratiques : cela permet de fabriquer les ornements de fonderie à partir de moules pour les façades. L'âge de fer remplace l'âge de la pierre. C'est à New-York que se trouve concentrée la plus grande collection de façades de ce style, complètes ou partielles. Les plus représentatives sont rassemblées dans le SoHo cast iron historic district (1869-1895), notamment l'enfilade allant du 8 au 32 sur Greene Street, ainsi que deux magnifiques spécimens, au 28 et 72 de cette même rue.

Beaux-Arts et Art déco. Durant les années dorées, de 1880 à 1920, l'influence de l'Ecole française d'architecture des Beaux-Arts domine dans les bâtiments publics et les riches résidences privées. La Frick Mansion (Upper East Side, 1914) est un témoin de cette période d'opulence architecturale pendant laquelle ont été bâtis les plus célèbres édifices de la ville, dont le Carnegie Hall (1891) et le Metropolitan Museum (1895), tous deux construits sur les plans de Richard Morris Hunt (premier architecte à avoir étudié à Paris en 1845), la New York Public Library (1911), le Grand Central Terminal (1913), l'United States General Post Office (1913)... L'exposition parisienne des Arts décoratifs, en 1925, est le point de départ d'une course à la créativité pour les architectes, tant pour les immeubles d'habitation – le Majestic (Upper East Side), le San Remo (Central Park West) – que pour les grattes-ciel : General Electric Building, New York Life Insurance Building (1928), Hemsley Building (1929)...

Les skyscrapers. Parallèlement apparaissent les premiers skyscrapers et la course aux dimensions : aujourd'hui, plus de 40 édifices new-yorkais dépassent les 200 mètres de hauteur. Le Flat Iron Building voit le jour en 1902, sous l'œil sceptique de bon nombre de New-Yorkais doutant de la solidité d'un édifice de 91 mètres, le record mondial à l'époque. La structure ? Des piliers verticaux en maçonnerie enrobant des colonnes de fer, associés à des poutrelles horizontales formant l'ossature portante, ce rôle n'étant plus dévolu à un mur porteur continu. Ces progrès, permettant désormais de construire des bâtiments à charpente de fer, combinés avec l'expansion démographique (population toujours plus dense vivant de plus en plus à l'étroit) accélèrent la multiplication des immeubles. C'est ainsi qu'en 1913 est érigé le Woolworth Building (241 mètres), suivi par le Chrysler Building de 320 mètres en 1930, lui-même détrôné un an plus tard par les 60 mètres supplémentaires de l'Empire State Building. Déterminé à être le plus haut, l'ancien World Trade Center gagne le pari en 1973 en atteignant 411 mètres de hauteur.

Le postmodernisme. A l'heure du postmodernisme, les formes sont très souvent incurvées et à géométrie variable, comme le montrent le World Financial Center (1985), le Grace Building, près de l'hôtel Plaza, ou le Park Avenue Plaza, en forme de prisme de verre. La tour flambant neuve du One World Trade Center (WTC), qui s'élève sur le site des attentats du 11 septembre 2001, a été terminée en 2013 et est la plus haute du pays (541 m, soit 1 776 pieds).

Architecture victorienne, Boston.

Boston

Boston peut se targuer de posséder une histoire architecturale dense. Aujourd'hui encore, les Bostoniens sont fiers de leurs monuments, tels que le Faneuil Hall (1742), la Old North Church (1733), ou encore la State House (1789), qui comptent parmi les plus anciens édifices du pays. Ils en ont même fait un parcours piétonnier, puisque le Freedom Trail propose une promenade au travers des bâtiments les plus anciens de la ville. Les autorités locales ont su préserver ce paysage ancien, tout en l'alliant aux buildings modernes. Dans le Financial District, les gratte-ciel se mêlent harmonieusement au Quincy Market et au Faneuil Hall, plus anciens. Un bâtiment, néanmoins, a fait naître la grogne des habitants. Il s'agit du Governement Center et de la place aux alentours. Il faut dire que cette architecture bétonnée a assez mal vieilli. Beaucoup de Bostoniens le qualifient de « verrue immonde » ! D'une manière générale, dans cette partie de la Nouvelle-Angleterre, les paysages architecturaux sont agréables à l'œil. Vous ne trouverez pas, sur la côte du Maine, d'urbanisation de masse du littoral. Bien au contraire ! Les demeures bourgeoises se mêlent aux luxueux hôtels, et en dehors de la côte, quelques motels peu esthétiques ornent le paysage, mais restent minoritaires. La station de Wolfeboro, située au bord du lac Winnipesaukee, est la plus ancienne du pays. On est loin des clichés de Palm Beach et des buildings de grande hauteur. Les habitants sont très fiers de leur « histoire architecturale » et préservent avec force leurs quelques édifices anciens, dont certains remontent aux XVIIe et XVIIIe siècles. Dans le Vermont, par exemple, le Shelburne Museum rassemble des petites bâtisses anciennes sur un même espace. Les demeures modestes et plus bourgeoises ont été déplacées telles quelles depuis leur lieu d'origine jusqu'au site du musée.

Artisanat

L'Amérique étant un patchwork de cultures, l'artisanat est également protéiforme. Dans les grandes villes, les communautés rivalisent d'habilité pour proposer des objets correspondant à leur histoire. L'artisanat amérindien est sans doute l'un des plus variés. Ainsi, on trouvera divers vanneries, bijoux ou couvertures dans les magasins de souvenirs... Sans oublier le traditionnel capteur de rêves.

Vous pourrez également dégotter de petits bijoux dans les brocantes et autres vide-greniers présents dans toute la région, sur le bord des routes ou dans les garages de particuliers.

En Pennsylvanie, vous trouverez des magasins d'artisanat tenus par des Amishs, dont la grande spécialité est la fabrication de couvertures faites de différentes pièces de tissu cousues les unes aux autres, appelées *quilt* ou patchwork. Pour confectionner un quilt, les femmes amish cousent des pièces de tissu, à la main, avec des aiguilles et du fil. Le résultat est une sorte de patchwork de couleurs et de formes différentes. Elles sont souvent plusieurs à collaborer à un ouvrage, car la confection d'un quilt requiert patience, précision et concentration. Ces quilts se vendent beaucoup dans le Pennsylvania Dutch Country et servent soit de dessus-de-lit, soit d'élément décoratif dans la maison. L'art du quilting vient des immigrés anglais et s'est particulièrement développé dans la région de Lancaster.

Les Américains sont également de grands amateurs de produits culinaires régionaux. Partout dans les villages, de petits marchés vantent les mérites de tel ou tel producteur local. Les produits varient bien entendu selon la région et la saison, mais les tartes maison sont à l'honneur : à la noix de pécan, à la citrouille, aux pommes... En tout cas, gourmandes ! Miels, confitures, jus de fruits sont aussi faciles à dénicher... Pas besoin d'arpenter les supermarchés pour se nourrir !

Cinéma

L'histoire du cinéma américain débute à New-York, en 1909, quand Edison y fonde la première compagnie cinématographique du pays, la Motion Picture Patents Company. Mais dès 1915, les studios émigrent en Californie, à Hollywood, une petite ville placée sous le signe du soleil, et donc idéale pour tourner toute l'année, en intérieur comme en extérieur (l'éclairage artificiel n'était pas encore très au point). Dès ce moment et jusqu'à nos jours, l'histoire du cinéma américain est liée au sud-ouest du pays. Mais la côte nord-est, ses grandes villes et son histoire tumultueuse ont toujours été le cadre de grandes fresques cinématographiques.

Évoquer le simple nom de Woody Allen, bien qu'on ne puisse ignorer les accusations à l'encontre du cinéaste qui ont fait grand bruit dans un monde médiatique traumatisé par l'affaire Weinstein, fait surgir toute une imagerie new-yorkaise. La grande métropole, avec ses quartiers aux ambiances variées, ses communautés diverses, ses gratte-ciel, est un cadre de tournage idéal. De *New York, New York* (1977) à *Gangs of New York* (2002) de Martin Scorsese, lui aussi une figure emblématique de la ville, aux comédies musicales *West Side Story* (1961) ou *Fame* (1980), New-York est un décor symbolisant les États-Unis pour les spectateurs du monde entier.

Philadelphie est aussi souvent sur le devant de la scène. La ville a vu naître le grand réalisateur Sydney Lumet. Parmi les œuvres notables tournées à Philadelphie, on notera par exemple les escaliers du Musée d'Art devenus célèbres grâce aux entraînements de *Rocky* (1976) avec Sylvester Stallone. Le film *Witness* (1984) de Peter Weir avec Harrison Ford, se passe entre Philadelphie et Lancaster dans la communauté amish. Impossible de ne pas évoquer également *Philadelphia* (1993), le long-métrage de Jonathan Demme avec Tom Hanks et Denzel Washington, qui raconte le combat d'un avocat contre son licenciement abusif alors qu'il est atteint du virus du SIDA. En 1995, Terry Gilliam choisit l'Eastern State Penitentiary pour tourner *L'Armée des 12 singes* avec Bruce Willis et Brad Pitt. Quant au réalisateur M. Night Shyamalan, il a grandi dans la banlieue de Philadelphie et y tourne la majorité de ses films.

Quant à la Nouvelle-Angleterre, elle a inspiré de nombreuses œuvres visuelles. La ville a également inspiré plus d'un réalisateur, que ce soit grâce au cadre proposé par ses universités (*Will Hunting*, de Gus Van Sant (1997), ou à travers ses différentes communautés. Clint Eastwood avec *Mystic River* (2003), Martin Scorcese avec *Les Infiltrés* (2006) et Ben Affleck avec *Gone Baby Gone* (2007) mettent à l'honneur la communauté irlandaise de la ville. Mais Boston n'est pas la seule localité de la Nouvelle-Angleterre à servir de décor à de nombreux films cultes : *Lolita* (1962) de Stanley Kubrick, *Les Évadés* (1994) de Frank Darabont, *Moonrise Kingdom* de Wes Anderson ou *Manchester by the Sea* de Kenneth Lonergan, ont été tournés dans divers Etats de la Nouvelle-Angleterre.

Littérature

Tout comme pour le cinéma, les grandes cités du nord-est des États-Unis jouent un rôle prépondérant dans la littérature américaine. New-York bien sûr, vibrant centre culturel, mais aussi Boston avec ses universités, Philadelphie ou Washington, sont soit le cadre de l'histoire de nombreux romanciers, soit le berceau d'écrivains célèbres.

New-York accorde une grande importance à l'art littéraire. Pour preuve, la présence de centaines de librairies et de nombreuses bibliothèques dans tous les quartiers de la ville, des plus aisés aux plus populaires. Côté bibliothèques, les magnifiques salles de lecture de la New York Public Library invitent à prendre un moment pour se plonger dans un livre. Parmi les écrivains qui ont mis en scène New-York, Paul Auster est sans doute celui qui vient le plus rapidement à l'esprit. La *Trilogie New-Yorkaise* ou *Moon Palace* sont de véritables odes à la ville qui ne dort jamais. On pense aussi à Truman Capote, qui a longtemps défrayé la chronique de ses frasques incessantes. Pourtant originaire du Sud du pays, il est l'un des symboles de la scène culturelle new-yorkaise. On peut citer également Tom Wolfe, dont *le Bûcher des vanités* est une vive critique du monde de Wall Street ; Norman Mailer, que l'amour pour New-York poussa à se présenter à la mairie en 1969 ; Philip Roth, disparu en 2018, ou Francis Scott Fitzgerald, dont la vie tumultueuse inspira celle du héros d'un de ses romans, *Gatsby le magnifique*.

Boston et Philadelphie ont très tôt été les berceaux d'une littérature inventive. Originaire de Boston, Samuel Adams, inspiré par la philosophie des lumières, édite à la fin du XVIIIe siècle de nombreux ouvrages politiques. À Philadelphie, c'est Benjamin Franklin qui prend la plume, lui aussi dans un but politique. Le courant abolitionniste est vivace à Boston comme à Philadelphie, et des écrivains comme Samuel Sewall au XVIIe siècle ou William Ellery Channing aux XVIIIe et XIXe siècles pour Boston, ou Antoine Bénézet pour Philadelphie, ont abondamment écrit contre l'esclavage. Boston est aussi la ville d'origine de Phyllis Wheatley (1753-1784), considérée comme la première poétesse afro-américaine. Au XIXe siècle, de nombreux écrivains américains, mais aussi des réfugiés étrangers, habitent Boston. C'est le cas notamment d'Henry James, figure emblématique du réalisme littéraire du XIXe siècle, ou d'Edgar Allan Poe, connu surtout pour ses comptes et ses nouvelles. Ce dernier a également passé une partie de sa vie à Philadelphie.

Mais si les grandes villes de la côte sont des bouillons de culture, les petites bourgades ont également alimenté l'imagination d'écrivains qui ont marqué le paysage littéraire mondial. Emily Dickinson, célèbre poétesse américaine, a passé sa vie à Amherst dans le Massachusetts. Mark Twain, l'auteur des *Aventures de Tom Sawyer*, a passé une grande partie de sa vie dans le Connecticut, tout comme Harriet Beacher Stowe, dont l'ouvrage *La Case de l'oncle Tom* reste une référence dans le monde entier. Le Maine donne aussi sa couleur aux romans d'épouvante de l'auteur à succès Stephen King. John Irving, romancier dont le roman *Le Monde selon Garp* fut un succès planétaire et fit l'objet d'une adaptation au cinéma, mit également en scène la Nouvelle-Angleterre, comme c'est le cas dans *Dernière nuit à Twisted River*, une saga familiale entre le nord du New Hampshire et Boston.

Peinture et arts graphiques

Le climat intellectuel américain a été longtemps défavorable à la peinture. Jusqu'à la fin du XVIIIe siècle, elle se limite à l'exécution de portraits et ce n'est que vers la première moitié du XIXe qu'apparaît le paysage, sous forme de scènes romantiques ou de vastes panoramas. Les peintres de l'époque se nomment James Whistler (le premier grand peintre américain), Mary Cassatt et John Singer Sargent.

Mural sur un immeuble de Philadelphie.

L'art contemporain occidental fait ses débuts en Amérique à partir de la grande exposition Armory Show, qui a lieu à New York en 1913. Dès lors, deux styles se développent parallèlement : une peinture orientée vers le témoignage social, et une peinture abstraite issue des tendances cubistes. Quelques années plus tard, une école appelée American Scene réunit certains artistes (Grant Wood, Edward Hopper, etc.) dont le désir commun est de redécouvrir une réalité familière et provinciale propre à leur pays, en réaction à des courants expressionnistes véhiculés par des artistes venus d'Europe centrale, comme Max Weber, Gorky, John Marin...

Dans les années 1930, la peinture américaine moderne, dont les représentants sont réunis autour de l'école du Pacifique créée par Clyfford Still, Motherwell, etc., est fortement teintée d'orientalisme. Pendant la Seconde Guerre mondiale, l'Amérique accueille de nombreux artistes étrangers (dont Max Ernst, Yves Tanguy, André Masson, Fernand Léger, Salvador Dali ou Marc Chagall) chassés par le nazisme : c'est ainsi que le pays devient le foyer international des arts.

La réaction ne se fait pas attendre : las du poids de l'influence européenne et de son envergure, quelques peintres américains (expressionnistes abstraits, comme Jackson Pollock, Willem De Kooning, Mark Tobey et Franz Kline) fondent l'école de New York, qui donne à la ville une importance internationale en matière artistique. Dans les années 1960, cette école tente de se renouveler en ressuscitant le dadaïsme : ce néodadaïsme (Rauschenberg, Jasper Johns, Louise Nevelson, etc.) engendre une peinture inspirée de la bande dessinée, des héros de cinéma ou des personnages de science-fiction. Originaire d'Angleterre, le pop-art se propage aux États-Unis, et particulièrement à New York, à la fin des années 1950.

Dans cet art, qui intègre aux œuvres des débris d'objets de la vie quotidienne et des images tirées de la publicité ou des magazines, se distinguent Andy Warhol, Roy Lichtenstein, Claes Oldenburg... Graviteront dans l'entourage d'Andy Warhol et sa Factory une multitude de musiciens, d'écrivains et d'artistes qui allaient connaître la célébrité, comme Jean-Michel Basquiat ou Keith Haring, très inspirés par le *street art*.

La côte est abrite des musées d'art absolument incontournables. À New York, tout d'abord, le Museum of Modern Art (MoMA) et le Metropolitan Museum of Art (Met) sont de véritables stars, solidement épaulés par le Guggenheim ou encore la Frick Collection. À Philadelphie, le Philadelphia Museum of Art, créé en 1876, est le troisième plus grand musée d'art du pays, et la Fondation Barnes présente une collection spectaculaire regroupant de nombreuses œuvres impressionnistes. Washington D.C. n'est pas en reste avec de nombreux musées comme la National Gallery of Art, la Phillips Collection, le National Museum of Women in the Arts... Boston a son Museum of Fine Arts, la collection de l'Isabella Stewart Gardner Museum, ou encore l'Institute of Contemporary Art (ICA).

FESTIVITÉS

Janvier

MARTIN LUTHER KING JR. BIRTHDAY CELEBRATION
WASHINGTON, D.C.
Célébration d'anniversaire sur les marches du Lincoln Memorial à Washington. Le célèbre discours *I have a dream* est récité. Concert pour les enfants à la Washington Performing Arts Society (gospels, rythmes africains...).

MARTIN LUTHER KING JR. DAY
BOSTON
Chaque année, les Etats-Unis célèbrent l'anniversaire de la naissance de Martin Luther King Jr. C'est un jour férié dans tout le pays et, pour l'occasion, un hommage lui est rendu dans plusieurs musées, notamment le Museum of Afro-American History de Boston. La journée est ponctuée par différents événements : expositions, chants de gospel, débats... Le MLK Breakfast est organisé au Convention Center pour lui rendre hommage et parler de l'avancée du mouvement des droits civiques.

Mars

SAINT PATRICK'S DAY
MANHATTAN
nycstpatricksparade.org
info@nycstpatricksparade.org
La Saint-Patrick est l'occasion d'une parade dans toute la ville, et ce depuis 1762 ! Si les immigrés irlandais ne sont plus très nombreux aujourd'hui, New York reste attachée à cette célébration festive. Une grande parade se tient sur la Cinquième avenue. Au programme : des kilts, des cornemuses, des vétérans à qui l'on rend hommage et des majorettes. Le soir, la ville connaît une de ces nuits sans fin où les New-Yorkais chantent et dansent jusqu'au petit matin, bien aidés par la Guinness qui, il faut bien le dire, coule à flots.

Parade de la Saint Patrick dans les rues de New York.

Avril

BOSTON MARATHON

BOSTON
www.baa.org
info@baa.org
Chaque année, en avril, le Boston Marathon rassemble plus de 30 000 coureurs. Les noms des vainqueurs sont gravés sur une plaque fixée au sol sur Copley Square. L'évènement a été marqué par les attentats de 2013 : lors de la 117e édition du marathon de Boston, deux bombes ont explosé à quelques secondes d'intervalle près de la ligne d'arrivée, sur Boylsont Street. Trois personnes sont tuées et 264 sont blessées. Trois jours plus tard, les principaux coupables sont identifiés par le FBI. Il s'agit des frères Tsarnaïev, citoyens américains originaires de Tchétchénie.

Mai

CAPE COD MARITIME DAYS

HYANNIS
www.capecodmaritimedays.com
info@capecodchamber.org
Ce festival rend hommage chaque printemps à la culture et à l'histoire maritime de la région – et dieu sait qu'elle est riche ! Au programme : expositions d'art, visites guidées, courses de bateaux, excursions en kayak et autres événements qui ont lieu pendant le mois de mai à Hyannis. Une ambiance festive s'empare alors de la ville ! Pour l'occasion, sur le site de la Cape Cod Chamber of Commerce, des itinéraires vous invitent à découvrir la région en suivant la thématique maritime (les Maritime Meandering Tours of Cape Cod).

Juin

NANTUCKET FILM FESTIVAL

NANTUCKET
www.nantucketfilmfestival.org
info@nantucketfilmfestival.org
Fidèle à sa réputation de ville culturelle et artistique, Nantucket accueille chaque année un festival du film, et ce depuis près de 25 ans. Le Nantucket Film Festival met l'accent sur les scénaristes et récompense, entre autres, le meilleur scénario. Quelques personnalités font partie du comité qui remet les prix, dont Ben Stiller. Parmi les événements organisés par le festival, de jeunes scénaristes sont invités sur l'île, tous frais payés, pendant tout le mois d'octobre, et ont l'occasion de développer leurs talents aux côtés de scénaristes expérimentés.

Juillet

AMERICA'S NATIONAL INDEPENDENCE DAY PARADE – JULY 4TH

Constitution Avenue
WASHINGTON, D.C.
✆ +1 800 395 2036
www.july4thparade.com
info@july4thparade.com
Des festivités ont lieu à travers tous les Etats-Unis à l'occasion de la fête nationale américaine. Le 4 juillet 1776, la version finale de la Déclaration d'Indépendance fut validée et son adoption fut votée, marquant l'indépendance du pays vis-à-vis de la Grande-Bretagne.
A Washington, la naissance du pays est célébrée de manière spectaculaire, avec une énorme parade haute en couleur et en musique entre la 7e rue et la 17e rue. L'ambiance, chaleureuse et familiale, est

au patriotisme joyeux, avec des défilés de fanfares, des ballons gonflables géants, des hommes politiques et des drapeaux rouge, bleu et blanc partout. Des feux d'artifice, visibles notamment depuis le National Mall, sont tirés au-dessus du Potomac. Toute la journée, des événements sont organisés, dont *A Capitol Fourth*, une série de concerts gratuits en face du Capitole.

Septembre

NEW YORK FILM FESTIVAL

70 Lincoln Center Plaza
MANHATTAN
www.filmlinc.com/nyff

Le NYFF est le grand événement cinématographique de New York. Là ou le TriBeCa Film Festival met en avant beaucoup de jeunes films indépendants, le NYFF accueille tous les plus grands réalisateurs américains et le meilleur du cinéma étranger. Fréquemment, les films présents aux Oscars font leur avant-première au festival. Si beaucoup de séances sont réservées à la presse, il est possible de voir la plupart des films en réservant les places à l'avance. On peut alors assister à la diffusion des films en avant-première aux côtés des acteurs et du réalisateur.

Octobre

VILLAGE HALLOWEEN PARADE

6th Avenue, de Spring Street à 16th Street
MANHATTAN
www.halloween-nyc.com
halloweenparadeinfo@gmail.com

Attention à ne pas traîner trop tard dans les rues le 31 octobre. Zombies, monstres et sorcières se mélangent aux New-Yorkais une fois la nuit tombée. Complètement déjanté, le défilé géant d'Halloween à Greenwich Village est une preuve de plus de l'inventivité des Américains. Du *trader* de Wall Street aux *hipsters* de Williamsburg, tout New York se déguise, et parfois dès le matin pour aller au bureau. Pour faire la fête, baladez-vous dans les quartiers résidentiels de Manhattan et de Brooklyn où d'innombrables *dance parties* chez l'habitant sont organisées.

Où fêter Halloween sur la côte Est ?

S'il est une fête sacrée aux Etats-Unis, c'est bien celle de la veille de la Toussaint. Partout dans les rues, les enfants se déguisent et frappent aux portes pour réaliser une collecte de friandises. C'est à celui qui aura le meilleur déguisement et qui rapportera le plus de bonbons. Sachez toutefois qu'à Halloween, les adultes aussi se déguisent ! Partout sur la côte Est, parades costumées et événements sont organisés pour célébrer cette fête hors du commun. Si vous avez la chance d'être en Nouvelle-Angleterre durant cette période, optez pour la ville de Salem dans le Massachusetts.

Novembre

MARATHON DE NEW YORK

New York Road Runners
9 East 89th Street
MANHATTAN
✆ +1 212 423 2249
www.tcsnycmarathon.org

Chaque premier dimanche du mois de novembre, près de cinquante mille coureurs du monde entier se regroupent pour le départ du plus célèbre marathon du monde sur le pont Verrazano-Narrows. Tout le long des 42,195 km, les coureurs sont soutenus par une foule enthousiaste qui encourage les participants. Un véritable show à l'américaine : des stands gigantesques, des rues décorées et des *speakers* qui commentent en direct dans la rue. Douze mille bénévoles, deux millions de spectateurs le long du parcours et des dizaines de millions de téléspectateurs dans le monde.

© GEORGE SHELDON – SHUTTERSTOCK.COM

Parade de thanksgiving.

THANKSGIVING

Cette fête familiale typiquement américaine, la plus importante de l'année, commémore le repas donné par les premiers immigrants – les pères Pèlerins – en remerciement à Dieu et aux Amérindiens pour leur avoir permis de survivre au premier hiver dans le Nouveau Monde. Au menu : dinde, purée, sauce à la canneberge, pain de maïs, tarte aux pommes et à la noix de pécan. Il ne faut pas rater la reconstitution historique au musée vivant Plimoth Plantation, dans la ville de Plymouth (Massachusetts), où s'est déroulé le premier Thanksgiving de l'Histoire. Dans un autre style, une immense parade avec des ballons gonflables est organisée chaque année à New York.

Décembre

TIMES SQUARE BALL DROP

Times Square
MANHATTAN

A l'occasion du passage à la nouvelle année, environ 1 million de personnes se réunissent à Times Square pour assister au *Ball Drop* : à 23h59, la boule suspendue au mât perché sur le toit du gratte-ciel One Times Square descend de 43 mètres en 60 secondes. Lorsqu'elle termine sa chute, il est minuit pile et c'est le début de la nouvelle année, marqué par un superbe feu d'artifice. A éviter si vous détestez la foule, le froid et le fait de ne pas pouvoir faire pipi pendant dix heures !

CUISINE LOCALE

Produits et spécialités

Les produits régionaux de grande qualité ainsi que les spécialités locales tiennent une place importante dans le nord-est des États-Unis et le quotidien des Américains de cette région.

Produits du terroir dans le Vermont. Le Vermont est probablement l'État américain qui possède le plus une véritable culture du terroir. La qualité des produits locaux est excellente. En sillonnant l'État, le voyageur a de multiples occasions de s'arrêter dans des fermes pour déguster les produits et même y séjourner. Il serait dommage de ne pas goûter aux productions locales avec en vedette les fromages, la bière et bien entendu le sirop d'érable. Le Vermont Cheese Council regroupe près de quarante producteurs qui fabriquent plus d'une centaine de variétés de fromage au lait de vache, de chèvre, de brebis ou de buffle. Pâte dure ou pâte molle, frais ou affiné… et même le cheddar peut être un fromage de qualité ! Depuis ces dernières années, cette production artisanale connaît un grand succès, et la qualité et la variété des produits ne cessent de s'améliorer. Le Vermont compte également un nombre incroyable de petites brasseries artisanales, ce qui fait de cet État un des plus gros consommateurs de bière du pays. Certains bars possèdent leur propre brasserie et il n'est donc pas rare de pouvoir déguster ces bières locales directement chez le producteur. Rafraîchissant ! Quant au fameux sirop d'érable, le Vermont en est le plus gros producteur américain (presque la moitié de la production totale des États-Unis).

Le homard, la star du Maine. Impossible de se rendre dans le Maine sans s'adonner au rituel incontournable de la dégustation du homard sous toutes ses formes : entier à la vapeur, en sandwich ou accompagné de sauce au brandy… Le tout pour un coût dérisoire, comparé à ceux pratiqués en France. Pour l'anecdote, plus de 3 millions de ces crustacés sont pêchés en un seul été au large des côtes du Maine. Une expérience à ne manquer sous aucun prétexte.

À Boston et à Cape Cod, la spécialité est le *clam chowder*, une soupe crémeuse avec des palourdes, des pommes de terre et des oignons. Elle se déguste dans tous les restos, dans des *cups* en plastique dans les bars de plage ou dans un bol en pain au levain pour les plus gourmands.

À New York. Ville d'exil par excellence, New York réunit autant de cuisines que de communautés immigrées. De Little Italy à Chinatown, la variété est à l'honneur et la gastronomie de tous les continents est à portée de main. Les spécialités typiquement new-yorkaises sont évidemment au rendez-vous : les New York-style pizzas avec leur grande taille et leur pâte fine que l'on plie comme une feuille de papier pour la manger comme un vrai New-Yorkais, les hot-dogs de Coney Island, les bagels ou autres sandwichs au pastrami… Vous n'avez que l'embarras du choix.

© AS FOOD STUDIO - SHUTTERSTOCK.COM

Philly cheese steak, Philadelphie.

Philadelphie est connu pour le *cheesesteak*, et plusieurs restaurants se disputent l'appellation de « meilleur *cheesesteak* ». Un conseil : allez en manger un à South Philly, chez Pat's ou Geno's, au cœur du marché italien. Ces deux institutions, fondées dans les années 1920, sont situées l'une en face de l'autre et attirent beaucoup de monde.

Pat Olivieri, le *King of Steaks*, serait l'inventeur du *Philly cheesesteak*. Au début des années 1930, alors qu'il vend des hot-dogs et qu'il en a assez d'en manger tous les jours, il se met à émincer de la viande de bœuf dans du pain italien, avec des oignons frits : un nouveau sandwich est né. Quelques années après, le sandwich commence à se vendre avec du fromage fondu. Au début, Olivieri le vend 10 cents ; aujourd'hui, il vaut environ 7 US$.

Dans la région de Washington, on déguste le *crab cake*, de la chair de crabe tendre et savoureuse, préparée de différentes façons selon les restaurants. La baie de Chesapeake est connue pour sa grande concentration de crabes. À Baltimore, par exemple, on les sert en forme de boules, avec de la mayonnaise ou de la moutarde, des herbes et autres condiments. Le plat, servi avec des accompagnements différents selon les restaurants (frites, légumes, etc.), est savoureux.

Habitudes alimentaires

Aux Etats-Unis, il n'y a pas de petit déjeuner typique. Tout dépend du mode de vie de chacun : porridge aux fruits nappé de sirop d'érable pour les uns, breakfast sandwich à la cafétéria de l'entreprise ou encore quelques breakfast cereal pour les plus pressés. Le week-end venu, c'est une autre histoire. Les Américains sont très friands du brunch dominical. Que ce soit au restaurant, au diner ou à la maison, il y en a pour tous les goûts : pancakes, œufs Bénédicte sous toutes leurs formes, pain perdu, gaufres, bacon, saucisses, smoothies... Le café est souvent illimité ! Aux Etats-Unis, la consommation de café diffère de la nôtre. Souvent moins fort, on sirote cette brown water toute la journée au bureau ou dans sa voiture dans des tasses gigantesques. Les célèbres chaînes de café présentes à tous les coins de rue approvisionnent les accros en noyant la boisson dans de la crème parfumée.

- **Le déjeuner** se prend soit au bureau soit sur le pouce car les pauses de midi sont beaucoup moins longues qu'en France (entre une demi-heure et une heure).
- **Les familles américaines dînent assez tôt**, dès le retour du travail. Les portions servies au restaurant ou au fast-food sont souvent plus généreuses qu'en France.

Les vins de la Côte Est

Quatrième producteur de vins derrière la France, l'Italie et l'Espagne, les États-Unis ont à cœur de proposer un vin de qualité, et ce depuis la plantation des premières vignes dans le pays, à la fin du XVIIe siècle. Si 89 % des vins américains viennent de Californie, la côte Nord-Est est elle aussi une région viticole importante. L'État de New York, avec 4 % de la production nationale, arrive en seconde position, loin derrière la Californie, il est vrai. Puis viennent dans l'ordre, pour les États du Nord-Est (mais avec moins de 1 % de la production), le New Jersey, la Virginie, la Pennsylvanie, le Maryland, le Massachusetts, le Connecticut et le Maine. Même si la viticulture dans les autres États reste faible, chacun des cinquante États américains compte au minimum une exploitation. Alors qu'en Europe, et particulièrement en France, l'appréciation des vins est principalement fondée sur sa provenance et son producteur, les exploitations viticoles du Nouveau Monde mettent l'accent sur les cépages et la composition de leurs vins. Pour les rouges, pinot noir, merlot, cabernet sauvignon et cabernet franc sont les plus utilisés. Chardonnay, sauvignon ou chenin, mais aussi riesling et gewurztraminer dominent les blancs. Le climat de la zone Est, chaud l'été, donne des conditions similaires aux vignobles d'Europe continentale comme l'Allemagne ou l'Alsace. La législation américaine définit des « régions viticoles », désignant des zones géographiques aux particularités spécifiques, et qui permet un classement des vins. Le Nord-Est compte 26 de ces American Viticultural Area (AVA), parmi les 187 que compte le pays. Parmi les plus connues, on compte les Hamptons (New York), la vallée de Lancaster (Pennsylvanie), la Central Delaware Valley (New Jersey et Pennsylvanie), ou encore Martha's Vineyard (Massachusetts). La plupart de ces AVA mettent en valeur une tradition viticole en proposant des routes des vins qui sont d'excellentes excuses pour une excursion d'un ou plusieurs jours !

SPORTS ET LOISIRS

Sur la côte Est, comme partout aux Etats-Unis, les grands sports collectifs américains sont évidemment les plus populaires. Avec des équipes engagées dans les très prestigieuses ligues MLB (base-ball), NFL (foot US) et NBA (basket-ball), les options pour se rendre voir un match sont très nombreuses. Côté activités, les possibilités ne manquent pas non plus.

Sports nautiques

Avec pas loin de 2 000 km de côtes de la frontière canadienne au sud de la Virginie et des centaines de rivières et de lacs, le Nord-Est des États-Unis est un terrain de jeux privilégié pour les amateurs d'activités nautiques. Tout le long de la côte, chaque ville est dotée d'une marina qui vous permettra de participer à diverses excursions ou de louer votre propre bateau. Les stations balnéaires les plus fréquentées comme Cape Cod ou Bar Harbor sont celles qui offrent le plus de possibilités. Si les plages de l'ouest sont légendaires lorsque l'on évoque le surf, cette activité est possible également à l'est, mais les vagues sont bien moins impressionnantes. Les moins frileux d'entre vous pourront également faire trempette en fin d'été autour de Martha's Vineyard par exemple. Moins connues, les villes balnéaires du Maryland offrent pourtant de jolies plages de sable, à l'image d'Ocean City et d'Atlantic City où l'on peut pratiquer le kayak ou, pour des sensations fortes, le parachute ascensionnel. Les lacs sont également un bon choix pour pratiquer des sports comme le jetski ou le ski nautique et les rivières, surtout dans les régions montagneuses de l'arrière-

Football américain, Philadelphie.

pays, sont idéales pour une descente en rafting ou une partie de pêche à la mouche. Même au cœur des grandes villes, il est possible de pratiquer des activités nautiques telles que le kayak ou le bateau à pédales, que ce soit sur la rivière Allegheny à Pittsburgh ou sur le Potomac à Washington D.C.

Sports et activités hivernales

La région Nord-Est des États-Unis est remarquable pour les amateurs de sports d'hiver. La région est riche en montagnes, lacs et forêts et invite donc les visiteurs férus de neige à s'adonner à de nombreuses activités hivernales. Ski de descente, motoneige, randonnées en raquettes, ski de fond, pêche sur lac glacé : les enthousiastes de l'hiver y trouvent leur bonheur. En Pennsylvanie, les amateurs de ski de fond se réunissent chaque hiver au parc de Valley Forge. La plupart des villes proposent des patinoires en plein air pendant une grande partie de l'hiver, elles sont très populaires au moment des fêtes. Pour les moins sportifs, vous trouverez de quoi vous divertir avec les compétitions de sculpture de neige au bord du lac Champlain.

Randonnée

Le long de la côte ou dans l'intérieur du pays, vous rencontrerez une pléthore de sentiers de randonnée, tous bien balisés. Le plus simple est de vous rendre à l'office de tourisme local qui vous fournira cartes et conseils. Les White Mountains dans le New Hampshire, ou les Green Mountains dans le Vermont offrent des itinéraires de montagne parfois exigeants, récompensés par de très beaux points de vue. Le Parc National d'Acadia est parcouru par un sentier qui lui aussi vaut le détour. En Virginie, le parc national de Shenandoah promet un retour aux sources pour les randonneurs de tout niveau.

Randonnée dans le New Hampshire.

Golf

Ce sport est une institution aux États-Unis. Symbole de réussite sociale, il reste encore réservé à une population plutôt aisée, même s'il a tendance à se démocratiser. Si vous êtes fan de ce sport, vous n'aurez aucun mal à trouver un green près de votre lieu de villégiature : les États-Unis en comptent des centaines ! Parmi les mieux classés, le National de Southampton n'est qu'à 2h de New-York, tout comme le Fisher Island Club, sur l'île du même nom. Le Country Club Brookline, à Chestnut Hill dans le Massachussets, ou le Baltusrol Golf Club de Springfield, dans le New Jersey, sont également des clubs remarquables.

ENFANTS DU PAYS

Matt Damon

L'acteur et scénariste Matt Damon naît à Cambridge et grandit à Boston. Après des études littéraires à Harvard, il débute sur les planches (*The Speed of Darkness*, de Steve Tesich) puis décroche une succession de seconds rôles au cinéma, dans *Mystic Pizza*, de Donald Petrie (1988) et dans *A l'épreuve du feu* (1993), avec Meg Ryan. Ne perdant pas de temps, il se met à écrire le scénario du film *Will Hunting* avec son ami Ben Affleck. Après sa sortie (1997), le long-métrage réalisé par Gus Van Sant obtient l'Oscar du meilleur scénario et l'Ours d'argent à Berlin. Damon enchaîne les rôles : *Il faut sauver le soldat Ryan* (1998), de Steven Spielberg, *Le talentueux Mr Ripley* (1999), de Anthony Minghella, *Ocean's Eleven* (2001), de Steven Soderbergh, *Les Frères Grimm* (2005), de Terry Gilliam, *Les Infiltrés*, de Martin Scorsese (2006), la trilogie de *Jason Bourne* (2002 - 2004 - 2007), *The Monuments Men* et *Interstellar* (2014), Seul sur Mars (2015). Et dernièrement *Le Dernier Duel* de Ridley Scott (2021)...

Robert De Niro

Robert De Niro est un des acteurs américains les plus connus. Pur produit de New York, fils d'Italo-Américains tendance arty (Robert De Niro Sr. et Virginia Admiral sont des artistes touche-à-tout : peinture, sculpture, poésie), De Niro est né en 1943 et grandit à Little Italy, où il fait les 400 coups. L'actorat l'attire assez tôt : il joue dans *L'Ours* de Tchekov à 16 ans, une révélation personnelle qui le mènera dans une tournée ininterrompue de 15 ans à New York. Il suit à cette époque les cours de Stella Adler et Lee Strasberg, les instigateurs du Method Acting, élément fondateur de l'Actor's Studio. Il débutera au cinéma dans *The Wedding Party*, *Greetings* et *Hi, Mom !* , trois films réalisés par Brian de Palma mais qui ne resteront pas dans les mémoires. Il remporte le prix de la critique new-yorkaise en 1973 avec son interprétation d'un champion de base-ball dévoré par la maladie (*Bang the Drum Slowly*). C'est l'année de *Mean Streets*, première collaboration avec Martin Scorcese. Le duo Scorcese-De Niro s'associera pour une dizaine de films dont beaucoup sont des chefs-d'œuvre du cinéma : *Taxi Driver* (Oscar du meilleur film 1976 pour Scorcese), *Les Affranchis*, *Raging Bull* (Oscar du meilleur acteur 1980) ou *Casino*. Auparavant, son rôle du jeune Vito Corleone dans le *Parrain II* de Francis Ford Coppola (1974) révèle tout son talent au grand public. Aujourd'hui encore, De Niro transcende les genres cinématographiques et est à l'affiche de thrillers, de drames et, sur ses vieilles années, de comédies familiales. On retrouvera le duo Scorcese-De Niro en 2023 avec *Killers of the Flower Moon.*

Jay-Z

Le roi de New York, c'est lui ! Le rappeur Shawn Carter, alias Jay-Z, est la star incontestée des jeunes New-Yorkais depuis de nombreuses années déjà. Jamais un artiste n'aura été un si bon entrepreneur, jamais un entrepreneur n'aura été un aussi bon artiste. Sa vie ressemble à un *dream come true* dont seuls les États-Unis ont le secret : né en 1969 à Brooklyn et élevé par une mère célibataire dans les sinistres Marcy Projects de Brooklyn, il deale de la cocaïne et du crack à l'adolescence, et il est aujourd'hui à la tête d'un des grands empires de l'entertainment américain, qu'il détient à presque 100 %. En plus de son label de musique, il gère la carrière de sa compagne, la méga-star Beyoncé Knowles. En 2010, son tube *Empire State of Mind* s'impose comme un véritable hymne à la ville de New-York ! Jay-Z diversifie de plus en plus ses activités. Engagé politiquement, il était l'un des plus grands soutiens de Barack Obama, qui l'a d'ailleurs convié à la Maison Blanche à de nombreuses occasions.

Will Smith

Né à Philadelphie, Will Smith est à la fois acteur, producteur de cinéma et chanteur de hip-hop. Après des études secondaires brillantes, il refuse une bourse pour étudier au Massachusetts Institute of Technology (MIT) afin de se consacrer à la musique. Il commence sa carrière musicale comme DJ et producteur, en collaboration avec son ami Jeff Townes. Leur premier succès commercial, *Parents just don't understand*, arrive dans les bacs en 1989, pour lesquels ils remportent un Grammy Award pour la « meilleure performance rap ». Will Smith accepte ensuite de jouer dans *Le Prince de Bel-Air*, une sitcom basée sur sa vie, où il incarne le rôle d'un adolescent des rues de Philadelphie qui débarque dans la famille aisée de son oncle à Bel-Air, à Los Angeles. La série, qui bat des records d'audience, est diffusée jusqu'en 1996. Au cinéma, Will Smith commence avec le blockbuster *Independence Day*, dans lequel il joue le rôle d'un pilote de l'air chasseur d'Aliens. Ensuite, il enchaîne avec *Men in Black*, *Wild Wild West*, puis *Ali* en 2001. Depuis, l'acteur a produit et a joué dans *I, Robot*, *Hitch*, *À la recherche du bonheur*, *Hancock*, *Men In Black 3*, *Bad Boys for Life* ou encore *La Méthode Williams* en 2021. Ce dernier film lui vaut l'Oscar du meilleur acteur lors d'une cérémonie marquée par sa gifle à l'humoriste Chris Rock.

Donald Trump

Magnat de l'immobilier, star de l'émission de télé-réalité *The Apprentice*, grand pourfendeur de Barack Obama et idole de la droite ultra-conservatrice américaine, Donald Trump a porté bien des casquettes, jusqu'à celle inattendue de président des États-Unis ! Intronisé le 20 janvier 2017, le natif du Queens a été élu à la tête du pays le 8 novembre 2016, au terme d'une campagne âpre avec sa rivale démocrate Hillary Clinton. Il s'était essayé à plusieurs reprises à la politique dans le passé, sans résultats. Plus que ses idées politiques – qui reprennent les thèmes traditionnels du Tea Party, l'aile droite des Républicains –, ce sont ses discours sans filtre et ses dérapages constants au sujet des femmes, des immigrants, des hispano-américains ou encore des homosexuels qui l'ont placé au cœur de l'actualité politique. Son discours extrémiste fait de lui un animal politique à la fois fascinant et inquiétant pour les médias, les démocrates et une grande partie du monde. Et s'il plaît tant à une partie de l'Amérique, c'est pour son image de self-made man anti-élites, symbole de l'American Dream, qu'il s'est construit au fil de sa carrière. Une image pourtant bien loin de la réalité : le natif du Queens, qui a fait fortune dans l'entreprise immobilière de son père, a connu de nombreux problèmes financiers dans sa carrière et a déclaré faillite à plusieurs reprises pour éponger ses dettes. Battu en 2020 par Joe Biden alors qu'il briguait un second mandat, il ne reconnait pas sa défaite et n'assiste pas à la prestation de serment de son successeur. Une première depuis 1869.

VISITE

Lincoln Memorial.

WASHINGTON D.C. ★★★

Washington, D.C. pour les intimes (« district de Columbia »), qui porte le nom du premier président des Etats-Unis, George Washington, est la capitale fédérale des Etats-Unis d'Amérique, mais ne fait partie d'aucun des Etats fédérés américains (son territoire originel a été pris aux Etats voisins de Virginie et du Maryland).
Moins trépidante que New York, moins historique que Boston, Washington a quand même plus d'un tour dans son sac pour séduire le visiteur. Ce qui frappe de prime abord, c'est son aspect aéré et sans gratte-ciel ; elle est dotée de larges avenues et de vastes espaces verts, à l'instar de l'emblématique National Mall. Les différents quartiers de Washington se parcourent donc à pied, et se déplacer de l'un à l'autre est d'une facilité déconcertante en métro ou en taxi. Le Français Pierre Charles L'Enfant en dessina les plans, imposant de larges avenues, limitant la hauteur des bâtiments à 13 étages et ménageant d'importants espaces verts. Ces travaux débutèrent en 1791.
Visiter Washington, c'est aussi l'occasion de plonger dans l'histoire du pays. Monuments significatifs et mémoriaux s'alignent sur les 3 km du Mall entre le Lincoln Memorial et le Capitole. Cette immense pelouse, dont l'imposant Washington Monument matérialise le centre, est un lieu de détente et de promenade prisé des habitants. Au printemps, lorsque les cerisiers du Japon fleurissent sur le Mall, des milliers de visiteurs affluent pour contempler ce spectacle de toute beauté. Un festival a même été créé pour l'occasion, le National Cherry Blossom Festival.
Outre le Mall, Washington possède des quartiers résidentiels et animés le soir, comme Adams Morgan et la très afro-américaine U Street, et des quartiers plus huppés, tels Georgetown, où les Kennedy possédaient une maison quand John Fitzgerald était encore à la tête du pays. A Washington, la nature n'est pas en reste ; les visiteurs apprécieront le Dumbarton Oaks Park et le Rock Creek Park, ou les bords du Potomac où les résidents s'adonnent au shopping.

National Mall

Le National Mall, long rectangle qui s'étend sur près de 2 miles entre le Lincoln Memorial (en bordure de la rivière Potomac) et le Capitole (en passant par le Washington Monument), entre Independence Avenue et Constitution Avenue, se trouve au sud de la ville. Prévu pour être à l'origine le cœur de la ville d'après les plans de l'architecte Pierre L'Enfant, c'est aujourd'hui un quartier dédié aux musées et monuments, mais pas très animé en soirée et comptant peu de restaurants. C'est là, sur la pelouse, en face du Capitole, que se sont tenus nombre de rassemblements historiques : que ce soit contre la guerre du Vietnam, pour écouter Martin Luther King ou pour les cérémonies d'investiture du président des États-Unis.

HOLOCAUST MEMORIAL MUSEUM ★★★

100 Raoul Wallenberg Place NW
✆ +1 202 488 0400
www.ushmm.org
M° Smithsonian
Films, photos, documents et objets racontent avec un souci historique très poussé la Shoah. Pour le mémorial, il faut se munir d'un billet délivré à l'entrée du musée située dans la 14th Street. Pas de billet pour le Hall of Remembrance et les expos temporaires. L'architecture moderne du musée est remarquable. On sort secoué de cette visite très dure mais indispensable.

LINCOLN MEMORIAL ★★

2 Lincoln Memorial Circle NW
✆ +1 202 426 6841
www.nps.gov/linc
national_mall@nps.gov
M° Smithsonian.
Erigé entre 1914 et 1922 en hommage au président Abraham Lincoln (1809-1865), ce mémorial est l'œuvre de Daniel Chester French, qui s'est inspiré pour le construire des temples grecs doriques. Les peintures murales à l'intérieur sont signées Jules Guerin. Le superbe monument blanc abrite une immense statue de Lincoln assis (de 6 mètres de haut). C'est sur ces marches que Martin Luther King a prononcé son fameux discours « I have a dream », le 28 août 1963 (vous pourrez apercevoir une petite note sur le lieu précis où ce dernier se tenait). C'est l'un des points les plus reconnaissables de la capitale fédérale et c'est aussi là que nombre d'habitants de Washington viennent admirer le coucher de soleil, la Reflecting Pool du Lincoln Memorial permettant en effet d'admirer le Washington Monument mordoré et son reflet parfait dans le miroir d'eau. L'endroit vaut plus que le coup d'oeil : c'est toute l'âme de la ville qui est rassemblée ici !

Holocaust Memorial Museum.

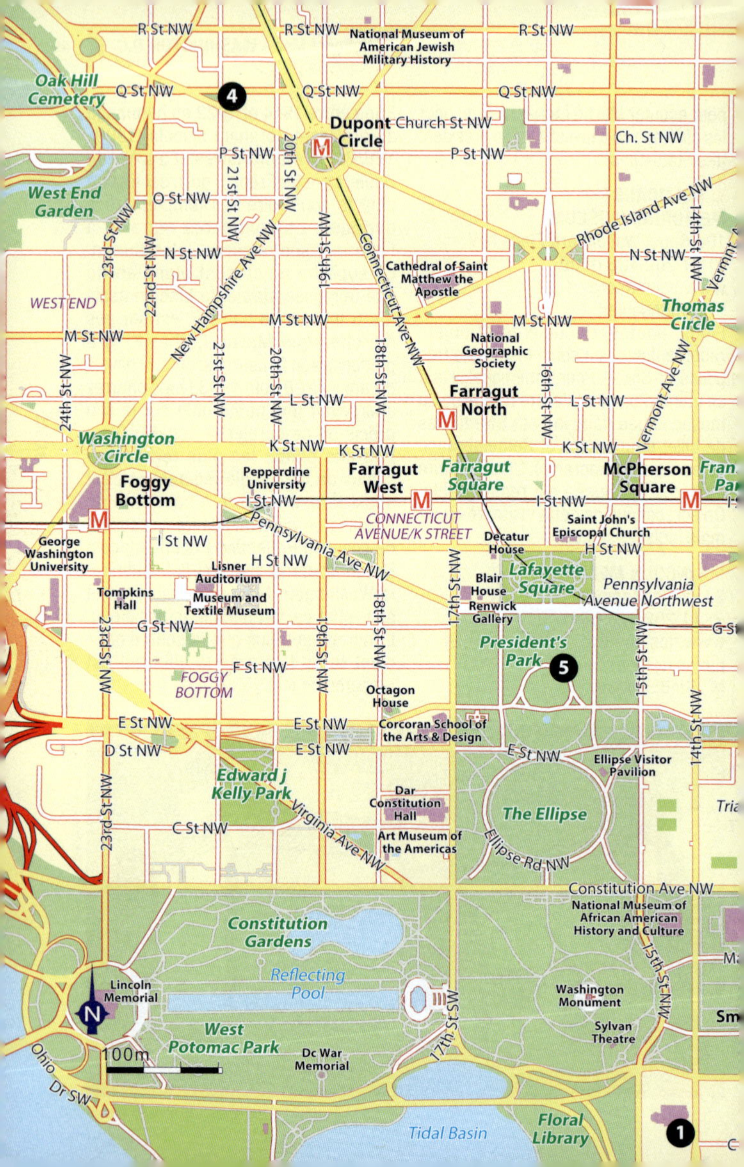

Oak Hill Cemetery
West End Garden
WEST END
Dupont Circle
National Museum of American Jewish Military History
Cathedral of Saint Matthew the Apostle
National Geographic Society
Farragut North
Thomas Circle
Washington Circle
Foggy Bottom
Pepperdine University
Farragut West
Farragut Square
McPherson Square
CONNECTICUT AVENUE/K STREET
Saint John's Episcopal Church
Decatur House
George Washington University
Lisner Auditorium
Museum and Textile Museum
Tompkins Hall
Blair House
Lafayette Square
Renwick Gallery
Pennsylvania Avenue Northwest
President's Park
FOGGY BOTTOM
Octagon House
Corcoran School of the Arts & Design
Ellipse Visitor Pavilion
Edward j Kelly Park
Dar Constitution Hall
Art Museum of the Americas
The Ellipse
National Museum of African American History and Culture
Constitution Gardens
Reflecting Pool
Lincoln Memorial
Washington Monument
Sylvan Theatre
West Potomac Park
Dc War Memorial
Tidal Basin
Floral Library
100m
R St NW
Q St NW
Church St NW
Ch. St NW
P St NW
O St NW
N St NW
M St NW
L St NW
K St NW
I St NW
H St NW
G St NW
F St NW
E St NW
D St NW
C St NW
Constitution Ave NW
Ellipse Rd NW
Rhode Island Ave NW
Vermont Ave NW
Connecticut Ave NW
New Hampshire Ave NW
Pennsylvania Ave NW
Virginia Ave NW
Ohio Dr SW
14th St NW
15th St NW
16th St NW
17th St NW
17th St SW
18th St NW
19th St NW
20th St NW
21st St NW
22nd St NW
23rd St NW
24th St NW
4
5
1

Washington D. C.
1 - Holocaust Memorial Museum
2 - National Gallery of Art
3 - National Museum of African American History
4 - Phillips Collection
5 - The White House – La Maison-Blanche
6 - United States Capitol
R St NW
Rhode Island Ave NW
P St NW
O St NW
LOGAN CIRCLE/ SHAW
John f Kennedy Recreation Center
Mt Vernon Sq 7th St - Convention Center
Rdg. St NW
M St NW
M St NE
Pierce St NE
L St NW
L St NE
New York Ave NW
New Jersey Ave NW
NORTH CAPITOL STREET
K St NW
Mt Vernon Square
I St NW
H St NW
H St NE
G Pl NE
1st St NE
DOWNTOWN
Gallery Place - Chinatown
Lillian and Albert Small Jewish Museum
Edward Bennett Williams Law Library
Union Station
National Portrait Gallery / Smithsonian American Art Museum
National Building Museum
F St NW
Ford's Theatre
Eric E. Hotung International Law Building
Judiciary Sq
E St NW
Old City Hall
D St NW
D St NE
Archives-Navy Mem'l Penn Quarter Station
Federal Triangle
C St NW
Newseum
Us National Archives
395
Louisiana Ave NW
Constitution Ave NW
50
29
1
Musée National d'Histoire Naturelle
National Mall
Arts and Industries Building
Arthur M. Sackler Gallery
Hirshhorn Museum
Musée National de l'Air et de l'Espace
National Museum of the American Indian
Independence Ave SW
Bartholdi Park
C St SW
C St SE
11th St NW
10th St NW
9th St NW
8th St NW
7th St NW
6th St NW
5th St NW
4th St NW
3rd St NW
1st St NW

MARTIN LUTHER KING, JR. MEMORIAL ★★

1964 Independence Avenue SW
✆ +1 202 426 6841
www.nps.gov/mlkm
M° Smithsonian (au plus proche)
A égale distance du Lincoln Memorial et du Jefferson Memorial, ce mémorial est dédié à la mémoire du pasteur King (1929-1968), non loin des marches sur lesquelles il a prononcé son plus célèbre discours. Ouvert depuis 2011, il est l'œuvre de l'artiste chinois Lei Yixin. C'est le premier mémorial dédié à un Afro-Américain sur le Mall. Il a été inauguré par le président américain Barack Obama, dont Martin Luther King est l'un des héros personnels.

NATIONAL GALLERY OF ART ★★★★

Constitution Avenue NW
entre les 3rd et 9th Streets
✆ +1 202 737 4215
www.nga.gov – calendar@nga.gov
M° Archives-Navy Memorial.
Cet immense musée mériterait qu'on y passe plusieurs jours. On commencera par le West Building, ouvert en 1941. C'était, à l'époque, le plus grand bâtiment de marbre au monde. Ne pas manquer le magnifique mobile de Calder en passant de l'aile ouest à l'aile est. L'East Building, ouvert en 1978, présente peinture et sculpture moderne et contemporaine. Expos temporaires toute l'année.

NATIONAL MUSEUM OF AMERICAN HISTORY ★★

Constitution Avenue 14th Street
✆ +1 202 633 1000
americanhistory.si.edu
info@si.edu
M° Federal Triangle
Ce beau musée est l'un des nombreux bijoux du Mall. Il regroupe plusieurs collections sur l'héritage et le patrimoine des Etats-Unis, dans tous les domaines (social, culturel, scientifique

Le mémorial Martin Luther King à Washington.

© PGIAM

National Gallery of Art.

et militaire). Le 1er janvier 2015, une nouvelle aile a vu le jour, Innovation Wing, qui présente toutes les créations américaines d'anthologie comme le train à vapeur, l'électricité ou encore la technique d'enregistrement du son. Parmi les nombreuses salles, on verra avec intérêt celle consacrée à la présidence américaine pour mieux comprendre les pouvoirs du président américain ou celles, bien entendu, consacrées à l'histoire américaine. C'est un musée très intéressant pour découvrir la vie américaine, autant à travers son histoire que ses innovations.

■ NATIONAL MUSEUM OF AFRICAN AMERICAN HISTORY ★★★

1400 Constitution Avenue
✆ +1 844 750 3012
nmaahc.si.edu
nmaahcsocial@si.edu
M° Smithsonian.

Petit dernier de la Smithsonian Institution, ce musée passionnant présente l'histoire des Afro-Américains depuis la création des États-Unis. Il a été inauguré par Barack Obama en septembre 2016. Le musée interpelle par sa structure en aluminium qui se distingue des autres institutions du Mall. Le musée comprend 5 étages où sont exposés plus de 3 000 objets, documents et photographies. La partie Histoire s'étend sur trois étages sous-terrain et aborde les thèmes de l'esclavage, de la ségrégation, du rôle joué par les patriotes noirs lors de la Révolution américaine... Au troisième étage, une expo passionnante est consacrée à l'Amérique contemporaine à partir de 1968, année de l'assassinat de Martin Luther King Jr. On revient sur la naissance du hip hop, le Black Panther Party, l'élection de Barack Obama ou encore le mouvement Black Lives Matter, très ancré dans l'actualité.

THOMAS JEFFERSON MEMORIAL ★★

900 Ohio Drive SW
✆ +1 202 426 6841
www.nps.gov/thje
national_mall@nps.gov
M° Smithsonian

Le dôme et les colonnades de ce bâtiment emblématique du Mall rendent hommage au 3e président de l'histoire des Etats-Unis, Thomas Jefferson, dont l'imposante statue se dresse sous la coupole. Ce mémorial est l'initiative de Roosevelt. Son architecte, John Russell Pope, voulut rendre ici hommage au goût qu'avait Jefferson pour l'architecture romaine et palladienne (ceux qui ont visité sa demeure de Monticello en Virginie le savent bien), en s'inspirant du Panthéon de Rome. Entre fin mars et mi-avril, le mémorial émerge des roses frondaisons des 3 000 cerisiers de Japon en fleurs qui l'entourent, cadeau fait par le Japon en 1912.

UNITED STATES CAPITOL ★★★★

✆ +1 202 226 8000
www.visitthecapitol.gov
M° Capitol South

C'est le cœur du pouvoir législatif américain, et dans le même temps le cœur du pays dans la capitale fédérale. Le bâtiment en lui-même est composé d'un immense dôme (imitation de celui du Panthéon de Rome), et de deux ailes, le Sénat et la Chambre des représentants. Le dôme, récemment rénové, est constitué de plus de 4000 tonnes de fonte. En 1791, le président George Washington, en collaboration avec l'architecte français L'Enfant, décida que le Capitole serait construit au point de rencontre des quatre quartiers principaux de Washington. La construction fut confiée à l'architecte allemand Henry Latrobe. Toutefois, en 1815, les Anglais détruisirent ce qui avait été érigé. L'architecte Charles Bulfinch prit le relais et acheva la construction d'une partie du bâtiment en 1824. L'ensemble ne fut terminé qu'en 1867. En haut du Capitole trône la statue de la Liberté (un aigle posé sur la tête de la femme et une patte de l'animal lui cache l'oreille), emblème de la liberté des individus et de la fin de l'esclavage à Washington, en 1863. La statue, inspirée de modèles grecs et romains, a été réalisée en 1855 par le sculpteur Thomas Crawford.
Pour tout connaître de l'histoire de la construction du Capitole et de la formation du Congrès, une exposition retrace la vie de l'institution au rez-de-chaussée du bâtiment. Attention, puisque c'est un bâtiment fédéral, les contrôles de sécurité peuvent être drastiques à l'entrée.

WASHINGTON MONUMENT ★★

Au sud de Constitution Avenue
✆ +1 877 444 6777
www.nps.gov/wamo
national_mall@nps.gov
M° Smithsonian

Inspirée de l'obélisque de la place de la Concorde à Paris, c'est la plus haute structure de maçonnerie au monde et c'est devenu l'un des emblèmes de la ville de Washington. Ce mémorial en l'honneur de George Washington fut érigé entre 1848 et 1884 par Robert Mills. Constitué de marbre, de granit et de grès, il mesure 169 mètres de hauteur et surplombe Washington. Ce symbole de la capitale américaine fait partie de la pop culture et apparaît dans une multitude de films, séries et jeux vidéo.

La statue de la liberté surmonte le dôme du Capitole.

© KMIRAGAYA – FOTOLIA

Downtown et Maison Blanche

Le point phare de la visite est bien évidemment un tour (accompagné d'un selfie pour faire comme tous les touristes du monde entier qui se pressent devant les grilles) devant la Maison Blanche. On pourra également se promener à l'arrière dans le grand parc Ellipse. Une visite dans les musées et autres bâtiments à proximité de la Maison Blanche vaut également le détour. Et qui sait, peut-être aurez-vous la chance d'apercevoir le président américain...

SMITHSONIAN AMERICAN ART MUSEUM ★★

8th et F Streets NW
✆ +1 202 633 7970
www.americanart.si.edu
americanartinfo@si.edu
M° Gallery Place-Chinatown
Construit entre 1836 et 1868 (en style *Greek Revival)*, le Old Patent Office Building, l'un des plus anciens bâtiments publics de la ville, abrite donc le musée d'art américain, The Smithsonian American Art Museum. L'ambition de ce musée est de mettre en valeur l'histoire du pays, de sa naissance à nos jours, au moyen de tableaux, dessins, sculptures et photographies (impressionnisme américain avec des œuvres de Mary Cassatt, paysages du XIXe siècle, réalisme et abstraction du XXe siècle, art afro-américain...).

THE WHITE HOUSE – LA MAISON-BLANCHE ★★★★

1600 Pennsylvania Avenue NW
✆ +1 202 456 7041
www.whitehouse.gov
M° Métro Center ou McPherson Square
C'est le plus ancien bâtiment public du district de Columbia. La Maison Blanche est la résidence officielle et le bureau du POTUS (President of the United States) et de la FLOTUS (First Lady of the United States). Ce bâtiment en grès d'Aquia fut construit entre 1792 et 1800. Le site fut

La Maison Blanche.

choisi par George Washington, le premier président des États-Unis qui mourut peu avant la fin de la construction. Bien que déjà blanc à l'origine, le bâtiment a été repeint à la suite de l'incendie qui l'a ravagé en 1814 à l'occasion du « Burning of Washington » (Incendie de Washington) par les soldats anglais, dans le cadre de la guerre anglo-américaine de 1812.

Au total, la Maison Blanche compte 6 étages et 132 pièces, et possède une piscine et un *green*. Les bureaux de l'administration se trouvent dans l'aile ouest, et parmi eux le fameux bureau ovale du président. Après avoir porté les noms de « President's Palace », « President's House » et « Executive Palace », elle fut officiellement nommée « White House » en 1901 par le président Theodore Roosevelt. La dernière rénovation majeure eut lieu en 1989 et nécessita plus de deux mille litres de peinture blanche. Ce fut la dernière fois que le bâtiment fût entièrement repeint, alors qu'au milieu du XXe siècle, l'extérieur de la Maison Blanche était systématiquement repeint tous les quatre ans, avant chaque cérémonie d'investiture. Au centre d'information de la Maison Blanche, vous trouverez des brochures en français décrivant l'intérieur de la maison présidentielle, puisqu'il est malheureusement impossible de la visiter.

Dupont Circle et Foggy Bottom

A Dupont Circle, on ne manquera sous aucun prétexte la Phillips Collection. Sinon, le quartier des ambassades est un quartier agréable dans lequel on peut se promener à la découverte des pays du monde (on fait beaucoup de progrès dans la connaissance des emblèmes de chaque pays après un long séjour).

■ PHILLIPS COLLECTION ★★★

1600 21st Street NW
✆ +1 202 387 2151
www.phillipscollection.org
reservations@phillipscollection.org
M° Dupont Circle (sortie Q Street)

Peu de collectionneurs à l'image de Duncan Phillips (1886-1966) ont pu constituer une telle collection, celle-ci étant incomparable. Exposée dans ce qui fut sa maison, construite en 1897 (style Georgian Revival) et restaurée en 2005, la collection permanente comprend des œuvres d'une qualité exceptionnelle : Matisse, Van Gogh, Rothko, Hopper, Bonnard. Duncan a pu acquérir ces œuvres grâce à la relation privilégiée qu'il entretenait avec de nombreux artistes.

Georgetown

Georgetown est une ville dans la ville, dans laquelle il fait bon flâner dans les ruelles et au bord de la rivière Potomac.

Woodley Park, U Street et Adams Morgan

Dans le quartier de Woodley Park, le zoo recueille tous les suffrages des touristes, alors que dans celui de U Street, on marchera sur les traces de la communauté afro-américaine.

Columbia Heights et Northeast

Le quartier est surtout réputé pour ses grands et beaux parcs dans lesquels les Washingtoniens viennent se ressourcer le week-end.

VIRGINIE

La partie nord de la Virginie est avant tout une banlieue chic où rentrent chaque soir les fonctionnaires internationaux et autres fonctionnaires de l'État. Mais cette partie de l'État abrite néanmoins un site très visité, Mount Vernon, qui fut la résidence de George Washington, natif de Virginie. Le site des Great Falls est également facilement accessible depuis Washington et constitue une excursion plaisante dans un très bel environnement naturel. Plus au sud de l'État, en revanche, et un peu plus loin de la capitale, nous ne saurions trop recommander au visiteur de prendre le temps de découvrir la vallée de la Shenandoah et son splendide parc national. Les montagnes Appalaches ont fait par ici des merveilles et la meilleure manière de faire connaissance avec cette chaîne de montagnes est de suivre la fameuse Skyline Drive, un incontournable en automne !

La Virginie a été marquée par certains événements majeurs de l'histoire des États-Unis, de la révolution américaine à la guerre de Sécession et jusqu'aux attentats du 11 septembre 2001. Elle est, en outre, comme une sorte de frontière imaginaire. Le sud de l'État fait la liaison entre deux mondes, deux univers différents, le nord et le sud des États-Unis…

LE NORD DE LA VIRGINIE

GREAT FALLS PARK ★★

Great Falls Park (géré par le National Park Service) est un endroit prisé des habitants de D.C. et des banlieues environnantes pour un pique-nique le dimanche, de longues balades à pied ou à vélo en famille dans un cadre magnifique, au bord des rapides et des cascades du fleuve Potomac. Son aire de protection entoure les rives de la rivière Potomac ainsi que ses chutes (Great Falls of the Potomac River). On verra également les vestiges du Patowmack Canal, premier canal à écluses du pays, destiné à contourner les rapides du fleuve Potomac dans les premières heures de l'histoire états-unienne.

Le parc fait plus de 800 ha, dont près de 25 km de sentiers accessibles aux promeneurs, cavaliers et cyclistes.

Une escapade idéale pour faire une pause dans la course aux visites et aux musées de D.C. Evitez si possible d'y aller le week-end en été, il y a la queue pour y accéder !

ARLINGTON ★

A l'origine rattaché au district de Columbia jusqu'à ce qu'il soit récupéré par l'Etat de Virginie en 1846, Arlington constitue l'un des plus petits comtés du pays. Il est surtout connu pour abriter le Pentagone ainsi que le cimetière le plus célèbre des Etats-Unis.

ARLINGTON NATIONAL CEMETERY ★★★

1 Memorial Drive
✆ +1 877 907 8585
M° Arlington Cemetery
C'est le cimetière militaire du pays, dernière demeure de 175 000 soldats tombés à la guerre (400 000 personnes si on inclut leurs familles). Il y a les tombes de l'équipage de la navette spatiale *Challenger*, celle du président John Fitzgerald Kennedy, de son frère Robert, assassiné lui aussi en 1968, et celle de sa femme Jackie Kennedy. Le cimetière a été édifié en 1857 et n'a depuis jamais cessé de s'étendre. Dans cette atmosphère si particulière, on pourra apercevoir la tombe du Soldat inconnu (un musée lui est dédié) et surtout assister à la relève de la garde (toutes les 30 minutes entre avril et septembre, sinon toutes les heures). En effet, sa tombe est gardée par un soldat jour et nuit depuis 1937.

PENTAGONE ★★

1400 Pentagon Pedestrian Tunnel
✆ +1 703 697 1776
M° Pentagon
Sa visite est l'une des raisons principales de toute venue à Arlington. Attention toutefois aux délais préalables de réservation, incompressibles en dessous de 14 jours.
Construit en 16 mois en 1943, le QG du département de la Défense est l'un des plus grands bâtiments au monde. Il emploie environ 23 000 militaires, sa surface est de 604 000 m² répartis sur dix niveaux (dont cinq en sous-sol) et il comporte un dédale de couloirs de 28 km. Bien qu'en forme de pentagone, celui-ci n'a pas été bâti ainsi pour une

Cimetière National d'Arlington durant le Memorial Day.

raison particulière si ce n'est que le terrain sur lequel il fut construit avait cinq côtés. Le 11 septembre 2001, un avion détourné par les terroristes s'est écrasé sur l'aile sud du bâtiment, faisant 184 victimes. Un mémorial composé de 85 érables et 184 bancs a été érigé en leur nom.
La visite de 1h30 ne permet de découvrir qu'une infime partie du bâtiment, mais c'est l'occasion d'en apprendre davantage sur l'histoire militaire américaine et le fonctionnement du département de la Défense. Pour la petite anecdote, les visites mises en place pour le bicentenaire des États-Unis en mai 1976 et censées durer jusqu'en juillet de la même année ont eut tellement de succès qu'elles sont toujours programmées. Plus de 100 000 personnes visiteraient le Pentagone chaque année.

ALEXANDRIA ★★

Alexandria est une cité portuaire fondée en 1749 par des marchands écossais (dont John Alexander qui donna son nom à la ville) selon un plan en damier. C'était un centre de négoce majeur où les bateaux faisaient escale avant de se diriger vers le Royaume-Uni. A l'instar d'Arlington, elle faisait à l'origine partie du district de Columbia avant d'être rattachée à la Virginie en 1847. Ravissante et pittoresque ville avec ses trottoirs de brique et ses maisons de style fédéral, le duc de La Rochefoucauld-Liancourt dit d'ailleurs à son sujet en 1796 : « Alexandria est, au-delà de toute comparaison, la plus jolie ville de Virginie ; en réalité, elle fait même partie des plus belles de tous les Etats-Unis. » George Washington y avait un pied-à-terre, la ville n'étant qu'à 13 km de sa propriété de Mount Vernon. Le 508 Cameron Street offre d'ailleurs une réplique de sa maison. C'est également à Alexandria que se trouve le siège américain de l'Armée du Salut.

MOUNT VERNON ★★★

Mount Vernon est réputé pour avoir accueilli la demeure de George et Martha Washington depuis leur mariage en 1759 jusqu'à la mort de ce dernier en 1799. Il est enterré dans son domaine. Washington a étendu sa plantation de 800 à 3 200 hectares et sa résidence est passée de 6 à 21 chambres. Acquise à la famille en 1858 par la *Mount Vernon Ladies' Association*, elle est désormais accessible au public. Le domaine abrite dorénavant 25 galeries et théâtres, un musée, une distillerie, des jardins, un centre d'orientation et d'éducation, ainsi qu'une ferme en activité.

GEORGE WASHINGTON'S MOUNT VERNON ESTATE & GARDENS ★★★

3200 Mount Vernon Memorial Highway
✆ +1 703 780 2000
www.mountvernon.org
tickets@mountvernon.org

Ville d'Alexandria.

Mount Vernon, demeure de Martha et George Washington.

Voici la maison historique la plus visitée du pays, et pour cause, il s'agit de l'ancienne demeure du premier président des Etats-Unis, George Washington. A l'origine, c'est son père qui fit construire cette plantation de tabac, en 1734, sur une colline dominant le Potomac. Quelques années plus tard, Georges Washington s'y installa. Entre sa carrière militaire et ses mandats présidentiels, il retourna vivre à Mount Vernon et y résida jusqu'à sa mort. Durant ces nombreuses années, George Washington transforma considérablement la plantation. Il entreprit une première série d'extensions en 1750, puis, une nouvelle dans les années 1770. Mais son projet le plus abouti, fut certainement la création d'une distillerie. Il devient ainsi, l'un des plus grands, si ce n'est le plus grand, distillateur de whisky du pays.

Lors de la guerre de Sécession, la demeure, considérée comme neutre, fut occupée à la fois par l'armée de l'Union et des Confédérés. Après quoi, elle fut restaurée.

Un détail, et pas des moindres, interpellera sûrement les visiteurs français : les clés de la Bastille trônent dans le hall central. Un présent envoyé à George Washington par le Marquis de Lafayette pour exprimer son amitié à ce dernier. Les chefs d'Etat français y ont toujours été reçu avec faste, parmi lesquels Charles de Gaulle, Nicolas Sarkozy ou, plus récemment, Emmanuel Macron.

La demeure a conservé son mobilier d'origine et des effets personnels du 1er président des Etats-Unis. Une tombe de brique renferme les dépouilles de Washington et de sa famille. Un Museum and Education Center comporte 23 galeries et théâtres retraçant la vie du président. Et une ferme (toujours en activité) retrace les expériences agricoles du maître des lieux. Il existe également une distillerie qui transformait les céréales en whisky.

MANASSAS NATIONAL BATTLEFIELD PARK ★★

Ce parc est dédié aux deux batailles du même nom qui opposèrent les nordistes et les sudistes lors de la guerre de Sécession.

MANASSAS NATIONAL BATTLEFIELD PARK ★★
6511 Sudley Road
✆ +1 703 361 1339
www.nps.gov/mana
Situé au nord du Prince William County, ce site préserve deux endroits où ont eu lieu des batailles importantes lors de la guerre civile américaine : la première bataille de Bull Run le 21 juillet 1861 et la seconde bataille de Bull Run du 28 au 30 août 1862. Ces conflits furent également nommés les « première et seconde batailles de Manassas ». Les conflits opposaient l'armée du Nord (l'Union) à celle du Sud (les confédérés). Ce parc vous permet d'explorer les terrains où ont eu lieu ces batailles.

FREDERICKSBURG ★★

C'est non loin de cette paisible petite ville coloniale du comté de Spotsylvania, où vécurent la mère et la sœur de George Washington ainsi que le 5e président américain James Monroe, qu'eurent lieu pas moins de quatre batailles durant la guerre de Sécession. Ces évènements tragiques ont d'ailleurs valu aux plaines environnantes le terrible sobriquet de «The Bloodiest Landscape in North America» (le paysage le plus sanglant d'Amérique du Nord). Il faut dire que la ville se trouve exactement à mi-chemin entre Washington D.C. et Richmond, les capitales des deux camps opposés dans cette guerre, ce qui en faisait un point stratégique.

GEORGE WASHINGTON BIRTHPLACE NATIONAL MONUMENT ★★

C'est à quelques miles au sud de la petite cité balnéaire de Colonial Beach, qui connut son heure de gloire dans la première moitié du XXe siècle, et à deux pas de l'embouchure de la rivière Potomac, juste avant qu'elle ne se jette dans la baie de Chesapeake, que naquit le premier président des Etats-Unis d'Amérique, George Washington. L'endroit est géré par le National Park Service et se nomme George Washington Birthplace National Monument.

SHENANDOAH NATIONAL PARK ★★★

Le parc national de la Shenandoah est le joyau de la vallée et l'une des plus belles régions de la côte Est, facilement accessible depuis Washington en voiture particulière.

SHENANDOAH NATIONAL PARK ★★★
3655 US Highway 211 East
Luray
✆ +1 540 999 3500
www.nps.gov/shen
Situé dans la chaîne montagneuse de Blue Ridge Mountains, à 105 miles seulement de Washington D.C., entre Front Royal et la région de Waynesboro-Charlottesville, ce parc national vous permet de profiter de la forêt, de la vie sauvage, des sentiers de randonnée, des sites culturels et d'imprenables vues le long de l'historique Skyline Drive. Un vrai bol d'air et une bonne escapade pour un retour aux sources.

Shenandoah National Park.

MARYLAND

Le Maryland est bordé à l'ouest par la Virginie-Occidentale, au nord par la Pennsylvanie, à l'est par le Delaware et l'océan Atlantique, et, au sud-ouest, par la Virginie et Washington. La capitale est Annapolis (fondée en 1651) et la plus grande ville est Baltimore.
L'Etat est divisé en deux par la baie de Chesapeake, le plus grand estuaire des Etats-Unis. Elle est longue, large, ramifiée et de nombreuses petites îles y sont disséminées. La superficie de l'Etat est de 27 091 km² et il compte près de 6 millions d'habitants.
Mais pour le touriste le Maryland est avant tout l'Etat où l'on fait des orgies de crabes entre deux balades au bord de l'eau dans la Chesapeake Bay.

Antietam National Battlefield.

BETHESDA ★★

Située dans le sud du Montgomery County, à la frontière nord-ouest de la capitale, Bethesda fait partie des villes d'Amérique où le niveau d'études est le plus élevé et où les revenus sont les plus hauts. Elle est régulièrement classée comme une des villes américaines les plus agréables à vivre et est considérée comme la banlieue (aisée et essentiellement blanche) de Washington D.C. de par sa grande proximité avec la capitale fédérale. Un grand nombre de médecins y vit, notamment parce que la ville accueille le centre médical naval, ainsi que le campus des National Institutes of Health. C'est également là que se trouvent le gigantesque centre des arts et de la musique de Strathmore et le lycée français Rochambeau.

FREDERICK ★

Frederick est la deuxième ville la plus peuplée du Maryland, avec 71 000 habitants, située à 1 heure de Washington et de Baltimore. Fondée par des colons allemands en 1745, ancienne cité industrielle, elle vaut surtout le coup pour sa vieille ville, très belle et pleine de parcs, de restaurants et de boutiques d'artisanat.
Non loin de la ville, les champs de batailles de la guerre civile de Monocacy, Antietam et plus loin Gettysburg (en Pennsylvanie) peuvent aussi faire l'objet d'une visite.

ANTIETAM NATIONAL BATTLEFIELD ★

La bataille d'Antietam fut, le 17 septembre 1862, l'une des plus sanglantes de la guerre de Sécession. Victoire décisive pour les forces armées de l'Union, elle met fin à la tentative d'invasion des Etats du Nord par les Confédérés. Le bilan est de 23 000 morts en un jour ce qui en fait la journée la plus sanglante de l'histoire des Etats-Unis. Aujourd'hui, ce lieu de souvenir est un parc géré par le NPS (National Park Service).

BALTIMORE ★★★

Baltimore est véritablement dans la banlieue proche de D.C.. Une fois sur place, il y a deux choses essentielles à faire : aller au très beau musée Walters et s'attabler autour d'un plat de *crab cakes*. Baltimore tente depuis bien longtemps de faire oublier qu'elle est l'une des villes les plus dangereuses des États-Unis (d'où le surnom de Charm City dont des publicitaires locaux l'ont affublée dans les années 70 pour redorer son blason). Certes, il lui reste encore beaucoup de travail à faire pour y parvenir, et si certaines zones sont à éviter encore aujourd'hui, il est agréable et à priori sans danger de se promener dans les quartiers localisés autour de Downtown : Federal Hill, Harbor Inn, Fell's Point, Little Italy et, plus au nord, Mount Vernon. La ville se trouve au bord de la baie de Chesapeake et constitue un bon point de départ pour explorer celle-ci.

THE BALTIMORE MUSEUM OF ART ★★

10 Art Museum Drive
✆ +1 443 573 1700
www.artbma.org – info@artbma.org

Le plus grand musée d'art de l'Etat du Maryland qui compte plus de 90 000 œuvres. Vous y découvrirez des pièces de Matisse, Picasso, Cézanne et Van Gogh ainsi qu'une vaste collection d'art moderne et contemporain (pop art, expressionnisme abstrait, sculptures minimalistes...) dont les derniers Andy Warhol. Des peintures et photographies du XVe siècle à nos jours sont également présentées : Botticelli, Rembrandt, Van Dyck ainsi que des arts primitifs des différents continents.

CHESAPEAKE BAY

Bienvenue dans ces terres de marécages peuplées d'oiseaux… un vrai dépaysement à une heure à peine de la capitale du pays. Comme il fait bon vivre par ici, où le temps semble s'être arrêté. Villages de pêcheurs, restaurants de fruits de mer, longues plages et faune constituent les principaux attraits de la région. Easton et St Michael's sont deux des villages où faire une halte. La topographie des lieux se prête aux longues promenades à pied et à vélo. Une escapade idéale pour échapper à la vie trépidante des grandes villes.

Des postes d'observation de la faune et des indications de trails sont notifiés le long de la route 33 entre Easton et Tilghman Island. N'hésitez pas à vous arrêter pour suivre ces trails sans grande difficulté ou observer les oiseaux survolant les marais. On y observe notamment de jolis martins-pêcheurs.

ANNAPOLIS ★★

Annapolis est avant tout la capitale de l'Etat du Maryland, bien que beaucoup pensent que c'est à sa proéminente voisine Baltimore que revient cette charge. Elle a même fait office de capitale des Etats-Unis pendant 9 mois, à la fin de la guerre d'Indépendance, avant que l'on ne décide de l'installer à Washington D.C. Siège de l'US Naval Academy, cette ville n'en est pas moins charmante avec son port, son yacht club, ses rues en pente agrémentées de maisons en briques rouges, ses magasins d'antiquités et galeries d'art, et enfin la maison du gouverneur qui trône au point culminant de la ville entre Church Circle et State Circle. Annapolis attire également les gourmands de la région qui viennent profiter du « All you can eat crabs », ou menu crabe à volonté, proposé dans nombre de ses restaurants !

EASTON ★

De l'autre côté de la baie de Chesapeake, Easton, qui compte 16 000 habitants, est régulièrement classée dans les meilleures petites villes des Etats-Unis, et ce n'est pas sans raison. Bénéficiant toute l'année d'une météo clémente, elle offre à ses visiteurs de nombreuses activités pour s'échapper de leur stress quotidien : plusieurs parcours de golf, un accès privilégié à la baie de Chesapeake qui permet des activités aussi diverses que la pratique du paddle ou de la voile, du cyclisme sur le Tred Avon Circle ou plus simplement l'observation de la faune sauvage (aigles...). La vie culturelle n'est pas en reste avec ses salles de théâtre, de concerts et de cinéma.

ST. MICHAELS

Ancien village de pêcheur, Saint Michaels est aujourd'hui comme un village de poupées, qui accueille surtout des

Centre ville d'Annapolis.

Ocean City.

habitants des grandes villes du coin pour les week-ends. Sa rue principale est bordée de petites boutiques et de restaurants, et sa marina est idéale pour une agréable balade.

OXFORD

La ville d'Oxford, une des plus vieilles du Maryland, se loge sur une péninsule de verdure. La ville a réussi à conserver son charme ancien et son architecture traditionnelle. Avant l'Indépendance américaine, la ville a connu une période dorée grâce à son port anglais de commerce et aux champs de tabac qui bordent la commune. Oxford séduit aujourd'hui le touriste de passage pour d'autres raisons, notamment pour le panorama qu'elle offre sur les étendues d'eau aux alentours.

CAMBRIDGE

La petite ville de Cambridge, dans la péninsule du Chesapeake, vaut le détour. Que ce soit pour le petit port de pêcheurs, le bassin où tournent de nombreux voiliers, le centre-ville historique et ses rues pavées de briques rouges, l'endroit invite au calme et permet d'apprécier la douceur de vie de la baie, entouré de nature sauvage.

OCEAN CITY

Ocean City est une destination très prisée pour profiter des beaux jours et de l'immense et belle plage de sable. Située tout au bout d'un archipel, la ville se compose d'un *strip* central et d'un *boardwalk* (promenade en bois) le long des hôtels qui ont la plupart vue sur l'océan. L'été, Ocean City devient la 2e ville la plus peuplée du Maryland à cause de l'affluence des touristes et baigneurs de la région : elle passe de ses 7 000 résidents habituels à une population dépassant les 300 000 !

PENNSYLVANIE

Située au nord-est des Etats-Unis, la Pennsylvanie est entourée de plusieurs Etats. Au nord, par celui de New York ; à l'est, par le New Jersey ; au sud, par le Delaware, le Maryland et la Virginie-Occidentale ; et, à l'ouest, par l'Ohio. La capitale de l'Etat surnommé « l'Etat clef de voûte » (The Keystone State) est Harrisburg, et la plus grande ville, Philadelphie. Sa superficie est de 369,4 km² et elle compte plus de 12 millions d'habitants. Les autres grandes villes sont : Allentown, Altoona, Erie, Easton, Lancaster (pays des amish), Pittsburgh et Reading. C'est l'un des 4 Etats dotés du titre de Commonwealth et sa devise est « Virtue, Liberty and Independence ». L'Etat est traversé du sud-ouest au nord-est par les montagnes Appalaches. C'est un Etat industriel (centrales électriques, raffineries de pétrole, chantiers navals...), situé à l'extrémité amont de la baie Delaware, au confluent des fleuves Schuylkill et Delaware dont les vallées donnent accès aux Appalaches. Philadelphie est donc l'unique débouché maritime de l'Etat. Côté politique, la Pennsylvanie est traditionnellement centriste, c'est-à-dire conservatrice dans les zones rurales et libérale dans les zones urbaines.

PHILADELPHIE ★★★

Métropole de la Pennsylvanie (et non capitale, qui est Harrisburg), Philadelphie est surnommée affectueusement « Philly » par ses habitants.

Actuellement sixième plus grande ville des Etats-Unis, Philadelphie est aussi la seconde plus grande de la côte Est. Au recensement de 2020, 6 millions de personnes habitent dans ses banlieues et 1,6 million résident en ville. Philadelphie est une étape incontournable dans un circuit culturel et historique de la côte Est. Philly compte en effet plus de 50 musées dont les immanquables Philadelphia Museum of Art et Fondation Barnes. En 1965, le fameux parc JFK Plaza est inauguré dans le quartier des musées, au cœur du centre-ville. On le connaît aujourd'hui sous le nom de Love park, en raison de la statue de Robert Indiana érigée en 1976 et emblématique de la ville. En 1984, le programme de fresques murales est lancé, donnant ainsi l'occasion à tous les habitants de s'approprier encore un peu plus leur ville, en l'embellissant. On en dénombre aujourd'hui plus de 3 000. Berceau de la démocratie américaine, Philadelphie sait partager son histoire fascinante avec passion. A travers ses multiples quartiers, des plus résidentiels, Rittenhouse Square, South Philadelphia, aux plus animés et branchés, tels que South Street ou Northern Liberties, cette ville aux habitants chaleureux vous ouvre les portes de l'Amérique avec enthousiasme. « *Go for it* ! », la discrète Philly n'a pas fini de vous séduire et de vous étonner...

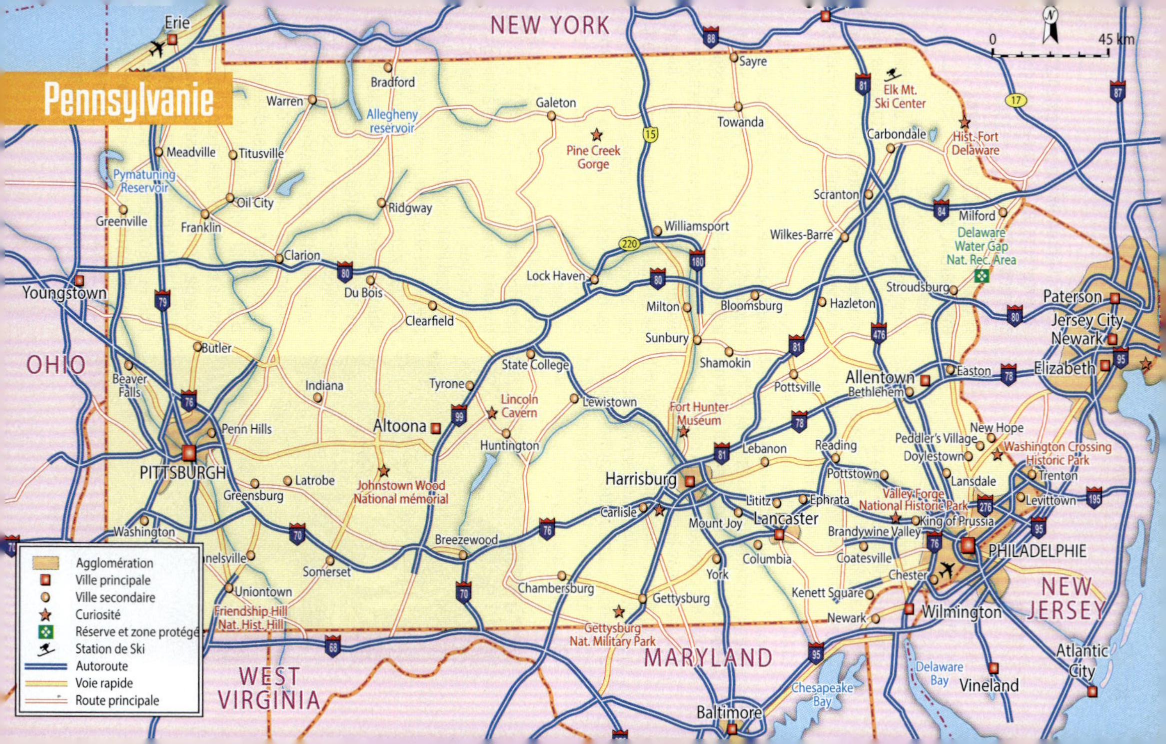
Pennsylvanie
NEW YORK
OHIO
WEST VIRGINIA
MARYLAND
NEW JERSEY
0
45 km
Erie
Bradford
Warren
Allegheny reservoir
Galeton
Sayre
Towanda
Elk Mt. Ski Center
Carbondale
Hist. Fort Delaware
Meadville
Titusville
Pymatuning Reservoir
Oil City
Greenville
Franklin
Pine Creek Gorge
Ridgway
Williamsport
Scranton
Milford
Wilkes-Barre
Delaware Water Gap Nat. Rec. Area
Clarion
Youngstown
Du Bois
Lock Haven
Milton
Bloomsburg
Hazleton
Stroudsburg
Paterson
Jersey City
Newark
Clearfield
Butler
Sunbury
Shamokin
Beaver Falls
Indiana
State College
Tyrone
Pottsville
Allentown
Bethlehem
Easton
Elizabeth
Altoona
Lincoln Cavern
Lewistown
Fort Hunter Museum
Penn Hills
Huntington
Lebanon
Reading
New Hope
Peddler's Village
Washington Crossing Historic Park
Doylestown
PITTSBURGH
Latrobe
Greensburg
Johnstown Wood National mémorial
Harrisburg
Pottstown
Lansdale
Trenton
Lititz
Ephrata
Valley Forge National Historic Park
Levittown
Carlisle
Lancaster
King of Prussia
Mount Joy
Brandywine Valley
Washington
Breezewood
PHILADELPHIE
Columbia
Coatesville
Somerset
Chambersburg
York
Chester
Uniontown
Gettysburg
Kenett Square
Wilmington
Friendship Hill Nat. Hist. Hill
Gettysburg Nat. Military Park
Newark
Atlantic City
Delaware Bay
Vineland
Chesapeake Bay
Baltimore
Agglomération
Ville principale
Ville secondaire
Curiosité
Réserve et zone protégée
Station de Ski
Autoroute
Voie rapide
Route principale

Old City et Convention Center Area

ELFRETH'S ALLEY ★★

2nd Street
✆ +1 215 574 0560
www.elfrethsalley.org
information@elfrethsalley.org
Entre Race Street et Arch Street.
Connue pour être la première rue résidentielle construite aux Etats-Unis, cette ruelle aux jolies maisons de briques rouges a été construite en 1702 par deux forgerons John Gilbert et Arthur Wells. Sur les façades, on peut observer de petites plaques de métal noires. Elles prouvaient que le propriétaire avait bien cotisé à une compagnie de pompiers pour que sa maison soit sauvée en cas d'incendie ; une autre forme d'assurance-habitation ! Aux numéros 124 et 126, un petit musée avec une charmante cour pavée en explique rapidement la construction et propose des visites commentées.

Elfreth Alley à Philadelphie.

INDEPENDENCE NATIONAL HISTORICAL PARK ★★★★

www.nps.gov/inde
C'est ici qu'est regroupée une grande partie des bâtiments historiques les plus visités de Philadelphie, notamment le Independence Hall, la Liberty Bell, la Declaration House et le Congress Hall, pour ne citer qu'eux. Le parc est globalement délimité par les rues 2nd St, 6th St, Locust St et Market St. C'est également ici, dans la section de l'Independence Mall, que se trouve l'Independence Visitor Center où les touristes peuvent se procurer une foule d'informations sur la ville et ses points d'intérêt, en particulier ceux situés dans le parc. Si l'on veut visiter l'essentiel des sites présents ici, il faut compter au moins deux jours, voire plus si vous aimez prendre votre temps.

Hormis les nombreux bâtiments historiques, l'Independence National Historical Park comprend de nombreuses plaques et statues que vous pourrez voir en vous baladant dans le quartier, la plupart rendant hommage aux héros de l'Indépendance. On compte deux statues de George Washington, dont l'une, installée sur Washington Square, surplombe la tombe du Soldat inconnu de la guerre d'Indépendance. *The Signer*, qui bénéficie à la fois d'une statue et d'une plaque, a été inspiré par George Clymer, marchand et homme d'État philadelphien ayant signé à la fois la Déclaration d'Indépendance et la Constitution américaine. Mais aussi Benjamin Franklin, John Barry, Robert Morris et les milliers de soldats

Salle où fût signée la déclaration d'indépedance, Independence Hall, Philadelphie.

américains tombés pendant la guerre d'Indépendance sont mis à l'honneur dans ce parc. S'y trouve également une plaque en l'honneur d'Abraham Lincoln et une autre dédiée à John F. Kennedy.

■ INDEPENDENCE HALL – PENNSYLVANIA STATE HOUSE ★★★

Chesnut Street

✆ +1 215 965 2305

Entre 5th et 6th Streets.

Construit entre 1732 et 1756, le bâtiment illustre typiquement l'architecture géorgienne. Son nom lui a été donné par La Fayette. Avant la Révolution américaine, il abritait l'assemblée coloniale de Pennsylvanie. Il accueillit également la Liberty Bell entre 1753 et 1976, bien que la cloche fût ponctuellement déplacée. Mais si l'Independence Hall est un édifice emblématique, c'est surtout parce que ses murs ont abrité la signature de la Déclaration d'Indépendance en 1776 puis l'élaboration de la Constitution des Etats-Unis jusqu'à sa publication en 1787.

Lors de votre visite, vous découvrirez la pièce dans laquelle furent rédigés les articles de la Constitution après concertation, puis celle où les signatures ont été apposées, toutes deux reconstituées telles qu'elles l'étaient à l'époque. C'est dans la première pièce qu'il fut décidé de modifier les articles de la Confédération, lors d'une réunion de la commission de rédaction de la Constitution présidée par George Washington. Il est également possible de voir, à travers une vitrine, quelques feuilles issues de l'original de la première Constitution. Le bâtiment, classé au patrimoine mondial de l'Unesco depuis 1979, est représenté au dos des billets de 100 US$.

LIBERTY BELL CENTER ★★

6th Street
Entre Market et Chesnut Streets
✆ +1 800 537 7676
www.nps.gov

A côté de l'Independence Hall, on peut découvrir la très populaire Cloche de la Liberté (900 kg), placée dans ce hall de verre. Il faut généralement faire la queue pour pouvoir s'en approcher, surtout en été. Elle a été construite à Londres et transportée à Philly en 1752, afin de remplacer la cloche d'origine qui était utilisée depuis la création de Philadelphie en 1682, et dont la taille ne suffisait plus. Lorsque l'on sonna la nouvelle cloche pour la première fois, son bord se cassa. Elle fut retravaillée par deux artisans peu expérimentés de Philadelphie, qui la fondirent entièrement, ajoutant du cuivre au mélange, avant de lui redonner forme. Une fois la cloche prête, on la fit retentir de nouveau et, bien qu'elle ne se fendît pas, le son discordant qui en sortit fut moqué par la foule. Trois mois plus tard, après être de nouveau passée entre les mains des deux artisans, la cloche produisit enfin un son acceptable et fut accrochée au clocher de la State House. Par la suite, les débuts difficiles de la Liberty Bell serviront souvent d'allégorie aux obstacles rencontrés par les Américains pour obtenir leur indépendance.

Dès les années 1830, les abolitionnistes font de cette cloche l'emblème de leur cause et sont les premiers à l'appeler la Liberty Bell. Devenue un symbole national, elle voyage à travers les Etats-Unis entre 1885 et 1915. Films et panneaux racontent l'histoire de cet emblème de la liberté.

NATIONAL CONSTITUTION CENTER ★★

525 Arch Street
✆ +1 215 409 6700
www.constitutioncenter.org
membership@constitutioncenter.org
À l'angle de 5th et Arch Streets.

National Constitution Center.

Ce grand musée a pour vocation d'expliquer la création et les tenants et aboutissants de la *Constitution américaine* au public. Il s'en tire fort bien, au moyen de plus de 100 expositions interactives et multimédias, de statues grandeur nature de personnages comme Benjamin Franklin et George Washington réunis dans le Signers Hall, et d'un film de 20 minutes intitulé *Freedom Rising*, diffusé en boucle – ce dernier, très grandiloquent, fait sourire mais a le mérite de donner quelques dates importantes. La muséographie attrayante devrait plaire aux plus jeunes. Des expositions temporaires reviennent de manière plus détaillée sur les différentes étapes qu'il a fallu traverser pour obtenir la *Constitution*, de la création du *Bill of Rights* jusqu'à la ratification en juin 1788. Cela ne signifie pas pour autant que la *Constitution américaine* n'a pas évolué depuis, puisqu'elle a été modifiée pas moins de 26 fois. Le dernier changement date de 1992 et a donné naissance au 27e amendement. Ne manquez surtout pas de visiter la George H. W. Bush Gallery, où une copie rare de la *Constitution* imprimée le 19 septembre 1987 est présentée.

Quartier des musées et Rittenhouse Square

■ BARNES FOUNDATION ★★★

2025 Benjamin Franklin Parkway
✆ +1 610 667 0290
www.barnesfoundation.org
info@barnesfoundation.org

La Fondation Barnes est l'une des initiatives artistiques les plus intéressantes aux Etats-Unis. Le Dr Barnes, issu d'un milieu ouvrier, en est à l'origine. Après avoir fait fortune dans l'industrie pharmaceutique, il consacre son argent à sa passion pour l'art et crée en 1922 cette fondation, dédiée à la « promotion du progrès de l'éducation et de l'appréciation des Beaux-Arts ». Les quelque 9 000 tableaux, principalement impressionnistes, sont ainsi réunis dans le but de permettre à « l'homme du peuple » d'accéder à l'art.

C'est aujourd'hui la plus grande collection au monde de Renoir (181 tableaux) et de Cézanne (69). Visiter les 23 salles de la Fondation Barnes est absolument immanquable, tant pour les amateurs d'art que pour les iconoclastes. C'est la plus importante collection privée d'art impressionniste et post-impressionniste. A voir parmi les peintures estivales de William James Glackens, l'intrigante *Madame Lemaistre* de Jean-Baptiste Corot qui surplombe *Les Grands Baigneurs* de Paul Cézanne. Un mur entier accueille *La Danse* de Henri Matisse menant aux *Modèles* de Georges Seurat. Les paysages provençaux de Cézanne illuminent effrontément la *Vision de Saint Hyacinthe* du Greco, alors que ses *Joueurs de cartes* habille la salle I. *Le Berger endormi* de Titien côtoie plusieurs œuvres religieuses. Renoir, Goya, Van Gogh, Gauguin et Toulouse-Lautrec se moquent bien de la chronologie, éblouissant le visiteur de mille couleurs. Gracieuses, les danseuses d'Edgar Degas pointent le bout de leurs chaussons. Sublime et paisible, la *Jeune fille en robe bleue* de Jules Pascin répand sa sérénité dans la galerie XII. Et comment ne pas évoquer les œuvres de Klee, Picasso et Modigliani ? Un tourbillon sans fin, où l'art ne souffre pas les conventions. Passionnant et indispensable.

CITY HALL

Broad Street and Market Street
✆ +1 215 686 2840
La mairie, le plus grand bâtiment municipal du pays, a été construite dans un style néo-Renaissance (largement inspirée du Louvre et de l'hôtel de ville à Paris) pour un coût de 24 millions de dollars. Avant de monter à l'observatoire, une exposition explique brièvement l'histoire de la construction de l'édifice qui a duré plus de 30 ans et s'est achevée en 1901. Quelques minutes d'ascension dans un petit ascenseur permettent d'arriver en haut de la tour. La vue à 360° sur la ville est magnifique. Tout y est : le musée des Arts, Masonic Temple, les gratte-ciels, le pont Benjamin Franklin, Broad Street, les complexes pétro-chimiques... La tour est coiffée de la statue de William Penn, le fondateur de la ville.

EASTERN STATE PENITENTIARY

2027 Fairmount Avenue
✆ +1 215 236 3300
www.easternstate.org
info@easternstate.org
Au nord de Philadelphie se dresse l'impressionnant bâtiment du pénitencier à l'allure de château fort. Ouvert en 1829, Eastern State Penitentiary révolutionna le milieu carcéral. Pour la première fois, les châtiments corporels sont bannis, les prisonniers sont seuls dans leur cellule et l'on pense réinsertion plutôt que punition. Benjamin Franklin fait partie de ceux qui ont convaincu l'Etat de Pennsylvanie de construire une telle prison, avec des cellules individuelles. L'établissement pénitentiaire est un reflet de la pensée « quaker » qui considère que chaque homme est bon à l'origine et que la solitude favorise le repentir. La visite permet de découvrir l'évolution du lieu au fil des années. Plus récemment, la prison a servi de décor de cinéma, notamment pour *L'Armée des 12 singes* avec Bruce Willis ou pour *Loin du Paradis*, un film de Joseph Ruben avec Joaquin Phoenix censé se passer dans une prison de Malaisie. L'audiotour (raconté par Steve Buscemi, qui a joué dans *The Big Lebowski* ou *Reservoir Dogs*, mais aussi dans la série *Boardwalk Empire* qui se déroule à Atlantic City) est en anglais mais une traduction papier en français est disponible à l'entrée et permet de ne rien manquer.

LOVE STATUE – JFK PLAZA

JFK Plaza
La statue *Love* de Robert Indiana orne depuis 1976 la place JFK, aussi surnommée Love Park, en face du City Hall. Le sculpteur l'avait prêtée à la ville à l'occasion des cérémonies du bicentenaire de Philadelphie, « la ville de l'amour fraternel ». Les lettres « L » et « O » sont posées au-dessus des lettres « V » et « E ».

PENNSYLVANIA ACADEMY OF THE FINE ARTS

118 North Broad Street
✆ +1 215 972 7600
www.pafa.org
hrass@pafa.org
Entre Benjamin Franklin Parkway et le Convention Center.
C'est la première école et le premier musée des Beaux-Arts des États-Unis. Fondée en 1805 sous le mandat du président Jefferson, elle s'est installée en 1876 dans ce grand bâtiment

construit par l'architecte Frank Furness. Le musée est surtout renommé pour sa collection d'art américain (peinture, sculptures et œuvres sur papier) des XVII et XIXe siècles. Elle comprend environ 1 800 œuvres d'artistes, tels que Charles Willson Peale, William Rush, Thomas Sully, Thomas Eakins, Thomas Anshutz, Mary Cassatt, Cecilia Beaux, William Merritt Chase, Henry Ossawa Tanner, Charles Grafly, Maxfield Parrish, Robert Henri, John Sloan, William Glackens, Everett Shinn, George Luks, Violet Oakley, Arthur B. Carles, Daniel Garber et Robert Gwathmey.

PHILADELPHIA MUSEUM OF ART ★★★

Benjamin Franklin Parkway
et 26th Street
✆ +1 215 763 8100
www.philamuseum.org
visitorservices@philamuseum.org

Ouvert en 1876, le Philadelphia Musem of Art est le troisième plus grand musée des Etats-Unis. Visitez en priorité la galerie d'art européen de 1850-1900, ainsi que la section d'art asiatique.

Au programme des salles sur l'art européen : *La Petite Danseuse* de Degas, des portraits de Renoir et de Mary Cassatt, *Les tournesols* de Vincent Van Gogh, *Le Pont Japonais à Giverny* de Monet... Henri de Toulouse-Lautrec enflamme les murs d'une salle de ses scènes du Moulin Rouge et plus loin Paul Cézanne, dont le musée possède 20 toiles, nous offre une splendide vue sur la baie de Marseille.

On découvrira aussi les œuvres de Fernand Léger, Georges Braque, Pablo Picasso, Vassily Kandinsky, Paul Klee, Man Ray, Miro ou Marx Ernst, Mark Rothko, Brancusi ou Mondrian.

Statue de John Marshall devant le musée des beaux-arts de Philadelphie.

À l'extérieur, les 82 marches qui mènent au musée figurent dans une des scènes les plus célèbres du film *Rocky* (1976), où Sylvester Stallone les gravit à toute vitesse ! A droite du musée, une statue du boxeur vient le rappeler.

RITTENHOUSE SQUARE ★

210 W Rittenhouse Square
✆ +1 267 586 5675
www.friendsofrittenhouse.org
info@friendsofrittenhouse.org

Aménagé en 1683, Rittenhouse Square est l'un des 5 parcs urbains à avoir été fondés sous William Penn. Aujourd'hui, le parc est un lieu vivant où l'on vient se promener et autour duquel on peut manger et boire un verre. Les soirs et week-ends, il n'est pas rare d'y croiser des groupes de joggers ou des manifestants pacifistes équipés de pancartes.

COMTÉ DE BUCKS

Au nord de Philadelphie, le Comté de Bucks est divisé en trois secteurs, industriel au sud, fermier au nord et culturel au centre. C'est donc au cœur du comté que les visiteurs pourront découvrir, notamment, le parc national Washington Crossing, lieu historique de la guerre d'indépendance, et l'étonnant petit village de New Hope, le long de la rivière Delaware.

WASHINGTON CROSSING HISTORIC PARK ★★

Pendant l'hiver 1776, la guerre d'Indépendance fait rage. Les troupes de George Washington essuient plusieurs défaites et l'armée indépendantiste a désespérement besoin d'une victoire. C'est ici que George Washington et ses 2 400 soldats traversèrent au petit jour le fleuve glacé du Delaware, pour attaquer les troupes allemandes – engagées par l'armée britannique. Au matin du 26 décembre, Washington et ses troupes marchent sur Trenton et prennent par surprise les troupes allemandes. Avec ce plan audacieux et son issue victorieuse, le Général donne une nouvelle impulsion à la Révolution américaine et marque alors un tournant dans la guerre d'Indépendance.

Le parc national a été inauguré en 1917 pour préserver le site et, chaque année, l'esprit de cette traversée est recréé en costumes le jour de Noël.

Pour commencer la visite, rendez-vous d'abord au Memorial Building Visitor Center, où est diffusé un documentaire, et prenez une carte des environs. Il y a beaucoup à voir, du cimetière des soldats tués durant la bataille à la *Bowman's Hill Tower* qui commémore la Révolution en passant par les nombreuses maisons restaurées, témoignages de la vie aux XVIIIe et XIXe siècles dans la région.

National Memorial Arch dédié à George Washington.

VALLEY FORGE

VALLEY FORGE NATIONAL HISTORICAL PARK ★★

Valley Forge s'étend à 25 miles au nord-ouest de Philadelphie. Les visiteurs amateurs d'histoire pourront s'y rendre pour découvrir le Parc national où l'armée américaine (à l'époque indépendantiste) est née. La zone de Valley Forge est aussi connue pour ces deux immenses centres commerciaux où se pressent tous les habitants de Pennsylvanie : King of Prussia (KOP), l'un des plus grands centres commerciaux des Etats-Unis, et les Premium Outlets, ensemble de magasins dégriffés, où l'on trouve des jeans Levi's pour 10 US$ et d'autres grandes marques telles que DKNY, Calvin Klein ou Kate Spade.

PENNSYLVANIA DUTCH COUNTRY

Cette zone au Sud de la Pennsylvanie est connue comme étant la contrée Amish. Elle comprend les villes d'Allentown, Hershey, Lancaster, Reading et York.
C'est dans le comté de Lancaster que vit la plus grande communauté d'Amish, de mennonites et de bethrens. S'ils sont tous connus sous le nom de *Dutch*, ils regroupent donc en fait un nombre incroyable de sous-minorités. Leur point commun ? Persécutés en Europe pour leur adhésion au principe de séparation de l'Eglise et de l'Etat et au baptême des adultes, ils sont arrivés en masse dès les années 1700. Depuis, ils vivent selon la stricte application de la Bible, parlent pour la plupart un dialecte germanique et refusent la modernité en général. A quelques centaines de kilomètres de Philadelphie, on se retrouve aisément plusieurs siècles en arrière.
Intercourse, Lititz, Bird-in-Hand, Ephrata... tels sont quelques-uns des villages du comté de Lancaster à découvrir.

LANCASTER ★★

La visite de cette ville historique, dotée d'une architecture remarquable et d'une vie culturelle émergente, permet une compréhension plus complète de l'Etat de Pennsylvanie et ouvre les portes sur la passionnante campagne amish.

GETTYSBURG ★★

Gettysburg (moins de 8 000 habitants) résonne dans tous les esprits comme le symbole de la victoire du Nord sur les Confédérés pendant la guerre de Sécession américaine. Pour celui qui visite la Pennsylvanie, Gettysburg et son champ de bataille sont immanquables. Le village possède un certain charme, plutôt désuet, que les citadins apprécient lors de week-ends romantiques.

GETTYSBURG NATIONAL MILITARY PARK ★★★

1195 Baltimore Pike (Route 97)
✆ +1 717 334 1124 – www.nps.gov/gett
Accès au Visitor Center par Taneytown Road (State Rt. 134).

Durant 4 ans, des combats acharnés opposent les forces confédérées aux forces de l'Union. La guerre éclate en avril 1861, lorsque l'armée des Confédérés attaque l'Union en Caroline du Nord. Emmenée par le Général Robert E. Lee, elle remporte de nombreuses victoires, remontant toujours plus au nord. En juin 1863, le Général Lee met au point une ambitieuse invasion du Nord, qui doit passer par Gettysburg. Mais l'armée de l'Union, menée par le Général George G. Meade, va combattre furieusement pendant trois jours. La bataille de Gettysburg a marqué un tournant radical dans la Guerre de Sécession (1861-1865). Ce sont 71 000 soldats du côté unioniste et 94 000 soldats du côté confédéré qui s'affrontent.

C'est au petit matin du 1er juin que commence la bataille. Les choses tournent tout d'abord en faveur du Général Lee et l'armée unioniste se voit contrainte de se replier dans la partie sud de Gettysburg. Le deuxième jour, le Général Meade parvient à reprendre le dessus lorsque les assauts imaginés par les lieutenants de Lee tournent au vinaigre et provoquent de nombreuses pertes. Incapable de faire fléchir l'ennemi, le Général Lee décide, pendant le 3e jour d'affrontements, de lancer ses réserves d'infanterie dans une attaque frontale contre le camp adverse : cette célèbre charge menée par le Général Pickett voit 12 500 soldats confédérés progresser à découvert sous le feu de l'Union. La charge de Pickett est considérée comme une erreur stratégique majeure qui a fait basculer la bataille. L'armée de l'Union parvient à mettre en déroute l'armée sudiste. Cette victoire marque alors le repli de la Confédération vers le Sud et redonne espoir aux Unionistes. Les troupes confédérées sont démoralisées et le général Lee ne tentera plus d'envahir le Nord.

La guerre durera encore deux ans, mais Gettysburg est imprimée définitivement dans les esprits comme la première grande victoire du Nord. Avec 51 000 soldats morts, dont 28 000 du côté confédéré, la bataille de Gettysburg fut la plus meurtrière du conflit.

PITTSBURGH ET SA REGION

PITTSBURGH ★★

La ville natale d'Andy Warhol et du ketchup Heinz a tout à offrir. Riche de ses 90 quartiers, Pittsburgh reste une ville à taille humaine bien plus accessible financièrement que ses voisines plus célèbres. Quels que soient vos centres d'intérêt, Pittsburgh est certaine de vous faire vibrer. Depuis peu, c'est la gastronomie et la passion des bonnes tables qui enflamment la ville. Les nombreux et excellents restaurants poussent comme des champignons. La scène artistique et culturelle n'est pas en reste : au cœur du Cultural District ce sont 9 théâtres sur les planches desquels se produisent les pièces de Broadway, le ballet, l'opéra ou encore l'orchestre symphonique de la ville. Les musées et galeries d'art de l'ancienne plateforme industrielle sont renommés mondialement.

The City of Bridges parsemée de 446 ponts, le plus grand nombre au monde, a une architecture étonnante que vous pouvez apprécier facilement à pied ou en empruntant les pistes cyclables de la ville. La ville se situe à la confluence des rivières Allegheny et Monongahela qui viennent ici former l'Ohio, l'un des principaux affluents du Mississippi. Cette position stratégique en a fait un carrefour industriel et une porte vers la conquête de l'Ouest ; la ville fut la capitale mondiale de l'industrie de l'acier et des chemins de fer au XIXe siècle. Loin de son passé de ville polluée par l'industrie, Pittsburgh a su se réinventer en ville verte grâce à ses bâtiments construits selon de strictes règles en termes de développement durable.

■ THE ANDY WARHOL MUSEUM ★★

117 Sandusky Street
✆ +1 412 237 8300 – www.warhol.org
information@warhol.org
Ce musée incontournable dédié à l'enfant du pays retrace la vie du père fondateur du pop art depuis ses premiers dessins publicitaires jusqu'aux tableaux devenus cultes, en passant par ses travaux audiovisuels en collaboration avec le groupe *The Velvet Underground.*

OHIOPYLE

Ohiopyle se situe dans un parc régional, qui abrite entre autres une des plus célèbres réalisations de l'architecte Frank Lloyd Wright, Fallingwater.

■ FALLINGWATER ★★

✆ +1 724 329 8501
www.fallingwater.org
fallingwater@paconserve.org
Sur la route 381, à environ 1h30 au sud de Pittsburgh, entre les villages de Mill Run et Ohiopyle.
Fallingwater est l'une des incroyables réalisations de l'architecte américain Frank Lloyd Wright. Erigée en 1936, au-dessus d'une cascade, elle fut bâtie pour la famille Kaufmann, qui était propriétaire d'un grand magasin chic à Pittsburgh. Au cœur des Laurel Highlands, dans les Monts Allegheny, Fallingwater est l'exemple même de l'intégration de l'architecture dans la nature que prônait Frank Lloyd Wright. Le bâtiment, que l'on peut explorer en prenant part à une visite guidée, est classé au patrimoine mondial de l'Unesco depuis 2008 et est souvent considéré comme la plus belle réalisation de Frank Lloyd Wright. A ne manquer sous aucun prétexte par les amateurs d'architecture.

CHALK HILL ★

Ce village est connu pour ses atouts viticoles, ainsi que pour les deux maisons construites dans les environs par Frank Lloyd Wright. A moins de 3 miles de Chalk Hill se trouve le site de Jumonville Glen, où se tint la bataille du même nom qui opposa, en 1754, les colons français et britanniques lors de la guerre de la Conquête (French and Indian War).

© TARA BALLARD – SHUTTERTSOCK.COM

Ohiopyle State Park.

VISITE

NEW JERSEY

Petit frère pauvre de New-York, le New Jersey est considéré avec une bonne dose de mépris par les habitants de la grosse pomme, qui considèrent ses habitants comme des campagnards. Bordé par la Pennsylvanie et le Delaware à l'ouest, par l'Etat de New-York au nord et par l'océan Atlantique au sud-est, il offre pourtant de nombreux atouts aux touristes de passage. Ce petit état de moins de 23 000 km² est le onzième le plus peuplé du pays. Il couvre une partie de la banlieue de New-York et de Philadelphie, mais est surtout apprécié pour sa ville de jeux, Atlantic City, le Las Vegas de l'Est, et sa côte atlantique.

ATLANTIC CITY ★★

Située sur le littoral atlantique à 80 kilomètres de Philadelphie, Atlantic City est réputée pour son grand port de plaisance et, surtout, pour ses casinos à l'architecture étonnante. Si elle est connue pour être le point névralgique des jeux de hasard, l'histoire de la ville est bien plus intéressante qu'une machine à sous. A l'origine, Absecon Island n'était qu'un banc de sable infesté de moustiques mais, dans les années 1860, de part sa situation géographique idéale (accessible de plusieurs grandes zones urbaines comme New York et Philadelphie), l'endroit se développe et devient une station thermale. Le 26 juin 1870, une passerelle en bois entre la plage et la ville est construite : le fameux Boardwalk. Dans les années 1920, le chef mafieux Enoch L. Johnson prend le contrôle de la ville et la transforme, durant la Prohibition, en une ville d'amusement et de liberté concernant l'alcool notamment. Il se sert de sa position politique (trésorier du comté) pour en faire une zone de

La côte d'Atlantic City.

© ANEESE – ISTOCKPHOTO

Cape May.

non-droit et elle atteint l'apogée de sa popularité durant ses années de l'entre-deux-guerre et jusqu'à l'emprisonnement de Johnson en 1941. L'engouement est tel que ce sont les rues d'Atlantic City qui figurent sur le plateau de jeu de l'édition originale du *Monopoly* en 1936. Frank Sinatra vient y chanter de nombreuses fois. Après l'ouragan de 1944 et l'essor de destinations touristiques plus exotiques (telles que les Bahamas ou la Floride) et plus accessibles avec l'arrivée des lignes aériennes commerciales, Atlantic City devient, dans les années 1960, une ville presque morte où le chômage est élevé. Il faut attendre le projet de loi de 1976 légalisant le jeu dans la ville (alors que le seul Etat du pays autorisant le jeu était le Nevada, depuis 1936) pour qu'une nouvelle vague de tourisme commence. Aujourd'hui, Atlantic City est une ville où les casinos bling-bling se succèdent sans grand charme mais avec encore une certaine idée de la fête. Elle connaît cependant quelques difficultés et sa fréquentation est en baisse.

CAPE MAY ★

Cape May est une petite ville à la pointe de la péninsule du New Jersey, là où le fleuve Delaware rencontre l'océan Atlantique. Avec ses larges plages, ses maisons victoriennes, ses rues calmes, sa nature sauvage proche (forêts, dunes, marais), c'est une station balnéaire très prisée des habitants de Philadelphie et, également, un lieu réputé pour observer les oiseaux.
Elle reste une destination privilégiée pour les habitants de Philadelphie ou de New York, loin des extravagances d'Atlantic City.
Plus authentique, plus proche de la nature que la ville du jeu, Cape May s'accroche à son patrimoine historique et est fière de ses maisons victoriennes préservées. En été, sa population passe de quelque 3 600 habitants à 40 000 visiteurs, alors n'hésitez pas à privilégier la fin du printemps ou le début de l'automne pour profiter d'un peu de calme.

NEW YORK

New York n'est pas seulement une ville que tout le monde connaît et qui est la toile de fond d'innombrables histoires sur papier ou sur écran. La Big Apple fait de l'ombre à cet immense État homonyme dont la capitale est Albany et qui a pourtant autant de merveilles à offrir que The City compte de gratte-ciel à son horizon. Depuis les impressionnantes chutes du Niagara à l'ouest jusqu'aux paisibles plages sauvages en passant par les vignobles des Finger Lakes, les paysages d'Upstate New York (partie nord de l'État, qui exclut donc New York City) et de Long Island sont variés et il en est de même de l'offre culturelle.

MANHATTAN ★★★★

New York est composé de 5 *boroughs* (districts) : l'île de Manhattan, Brooklyn, Queens, le Bronx et Staten Island. Pour beaucoup de monde, New York, c'est surtout Manhattan, aussi appelée la City par les New-Yorkais. Vous y passerez, a priori, la plupart de votre temps. Mais les autres *boroughs* sont bien plus que des zones périphériques de Manhattan. Vous aurez l'occasion de découvrir les charmes et les bonheurs de ceux-ci dans le guide. Manhattan est une île de 21,5 km de longueur et de 3,7 km de largeur dont le nom vient du mot *menatay*, employé jadis par les Indiens Delaware pour dire « île ». Manhattan est le cœur de New York, l'endroit où sont regroupés un bon nombre de centres d'intérêt touristique, où siège le centre des affaires et du commerce et où l'on trouve les rues et les monuments les plus célèbres. C'est pourtant le district le plus petit de New York par sa surface, mais paradoxalement le plus connu.

Vue aérienne de Manhattan.

Financial District, SoHo et Chinatown ★★★

Wall Street, la statue de la Liberté, Ellis Island, etc. Berceau du New York historique, il s'agit de la zone la plus emblématique de la ville. En effet, c'est ici, tout au sud de Manhattan, qu'est né New York, qui ne fut pas habité au-delà de ses limites avant le XIXe siècle. C'est encore ici que débarquèrent les vagues successives d'immigrants arrivés d'Ellis Island jusqu'à la moitié du XXe siècle. Si les Twin Towers ne dressent plus leur immensité démesurée au-dessus du *skyline*, les alentours du nouveau World Trade Center s'ouvrent petit à petit au public et donnent au quartier un nouveau souffle.

BROOKLYN BRIDGE ★★★★

M° Brooklyn Bridge-City Hall
(lignes 4, 5, 6).
Un des incontournables de New York. Les habitants de la Grosse Pomme vous conseilleront même de traverser le pont à deux reprises pour faire les meilleures photos. Une première fois en journée de Manhattan à Brooklyn, puis une deuxième fois de nuit dans l'autre direction pour apprécier l'incroyable vue sur le sud de Manhattan. Inauguré en 1883 après 16 ans de laborieux efforts et long de 1 825 m (il fut pendant un temps le plus long pont suspendu du monde), n'a-t-il pas représenté le rêve américain, la porte héroïque de New York ? Magique est cette longue passerelle tendue comme une cathédrale de filins, un passage initiatique reliant deux îles. Faire les 20 à 30 minutes de traversée à 83 m au-dessus de l'East River, avec vue imprenable sur les gratte-ciel de Manhattan en prime, voilà une expérience unique

STATUE DE LA LIBERTÉ ★★★★

Castle Clinton National Monument
Battery Park – Liberty Island
✆ +1 877 523 9849
www.nps.gov/stli/index.htm
info@statuecruises.com
M° Whitehall Street (lignes R, W)
ou Bowling Green (lignes 4, 5).
Ferry à Castle Clinton, dans Battery Park. A l'aller, le ferry fait escale à la statue de la Liberté avant d'atteindre Ellis Island ; au retour, la navette rejoint directement Manhattan.
On a beau avoir l'impression de déjà connaître la statue, on a beau se répéter qu'elle n'est pas si grande que ça, le frisson est inévitable lorsqu'on s'approche en bateau de l'édifice. Cette grande dame est à New York ce que la tour Eiffel est à Paris.

ELLIS ISLAND IMMIGRATION MUSEUM ★★★

Ellis Island
Départs des ferrys à Battery Park
✆ +1 212 561 4588
www.statuecruises.com/fr
contactus@ellisisland.org
M° Whitehall Street (lignes R, W)
ou Bowling Green (lignes 4, 5).
Un incontournable de New York. Rouverts en grande pompe en 1990 après six années de travaux de restauration (coût de l'opération : 160 millions de dollars), les imposants bâtiments d'Ellis Island ont vu passer 12 millions d'immigrants, venus principalement d'Europe de l'Est, entre 1892 et 1954. Ellis Island, du nom de son propriétaire originel, M. Samuel Ellis, fut rachetée par le gouvernement de New York en 1808 avant de se convertir en centre de réception des immigrés de 1892 à 1943. De 1943 à 1954, elle sert de centre de détention pour immigrants illégaux. Pour son rôle historique, cette petite île fut rattachée à la statue de la Liberté et déclarée patrimoine historique. Un musée y a été édifié, consacré à la mémoire des immigrants ayant franchi la Golden Door. Une visite qui rime avec émotion.

Quartiers de New York

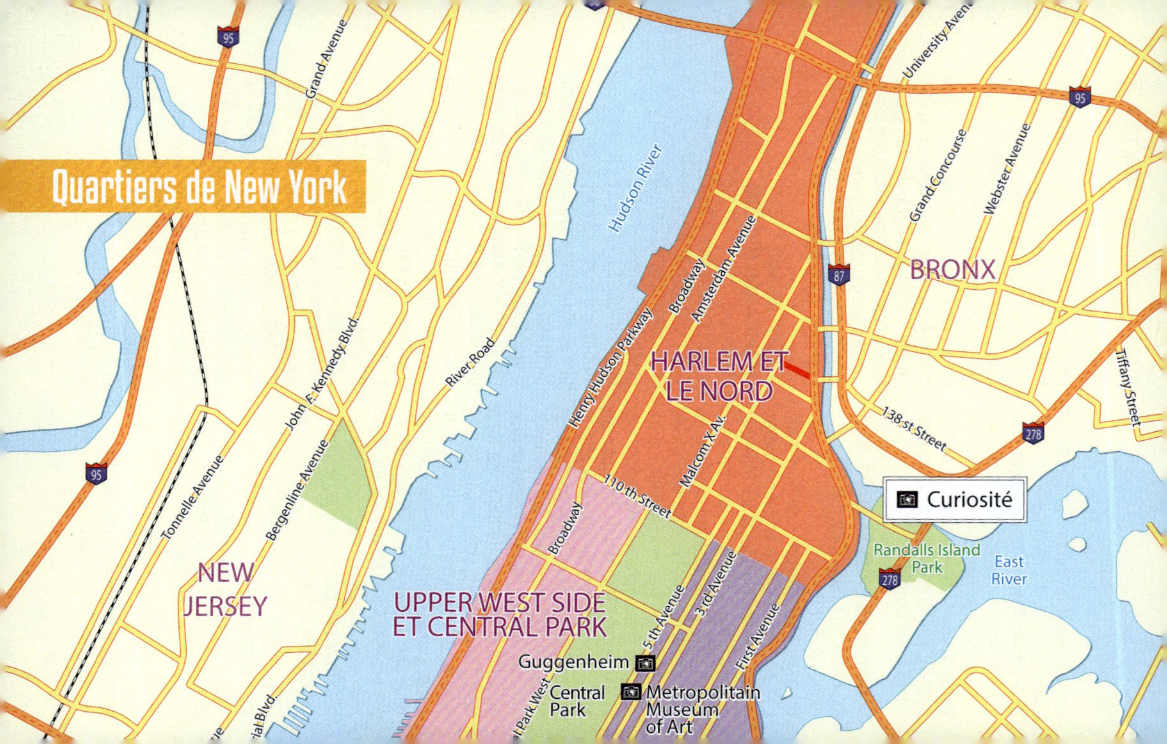

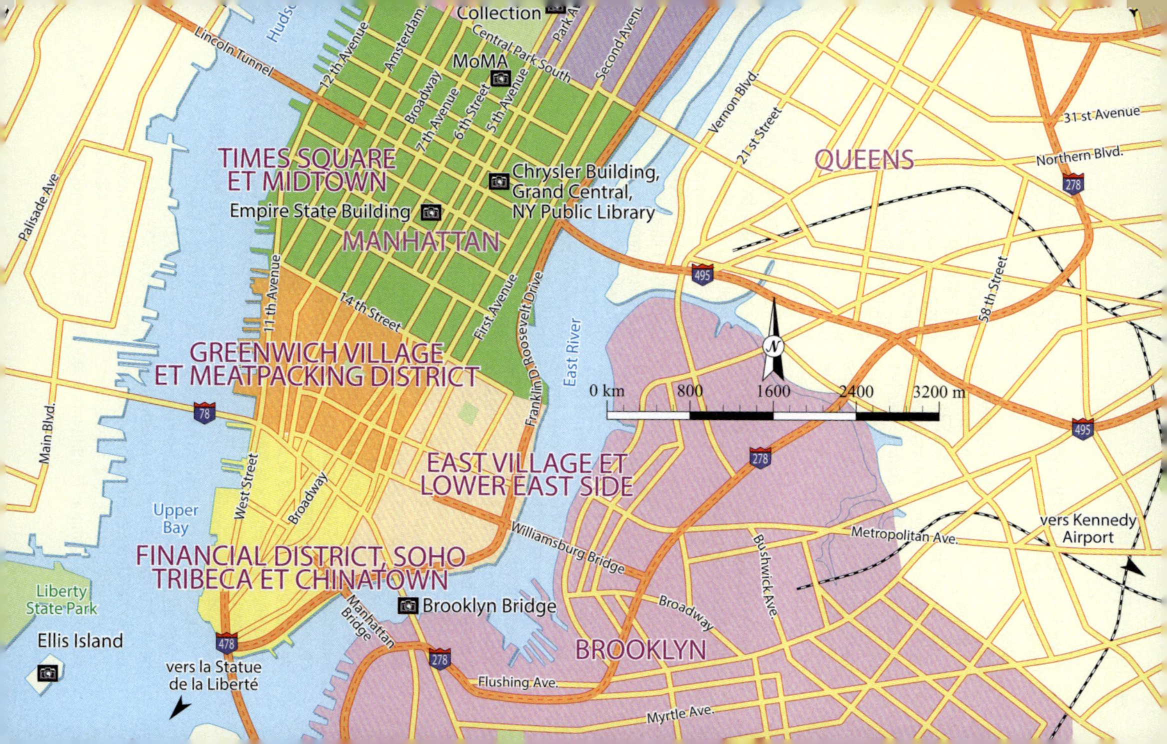
Collection
Central Park South
MoMA
Park A
Second Avenue
12 th Avenue
Amsterdam
Broadway
7 th Avenue
6 th Street
5 th Avenue
Lincoln Tunnel
Hudson
Vernon Blvd.
21 st Street
31 st Avenue
Northern Blvd.
278
QUEENS
TIMES SQUARE
ET MIDTOWN
Chrysler Building,
Grand Central,
NY Public Library
Empire State Building
MANHATTAN
Palisade Ave
495
11 th Avenue
14 th Street
First Avenue
Franklin D. Roosevelt Drive
East River
58 th Street
GREENWICH VILLAGE
ET MEATPACKING DISTRICT
0 km
800
1600
2400
3200 m
N
Main Blvd.
78
495
278
EAST VILLAGE ET
LOWER EAST SIDE
West Street
Broadway
Upper
Bay
Williamsburg Bridge
Metropolitan Ave.
Bushwick Ave.
vers Kennedy
Airport
FINANCIAL DISTRICT, SOHO
TRIBECA ET CHINATOWN
Liberty
State Park
Manhattan
Bridge
Brooklyn Bridge
Broadway
Ellis Island
478
278
BROOKLYN
vers la Statue
de la Liberté
Flushing Ave.
Myrtle Ave.

WORLD TRADE CENTER SITE – GROUND ZERO ★★★★

www.wtc.com

Depuis les attentats dramatiques du 11 septembre 2001 et l'effondrement des tours, qui ont provoqué la mort de près de 3 000 personnes, une atmosphère étrange entoure Ground Zero. Le quartier est toujours coupé par des nombreuses barricades et des policiers sont à tous les coins de rue. Cette immense zone sécurisée est devenue un lieu de pèlerinage.

9/11 MEMORIAL ★★★★

180 Greenwich Street
✆ +1 212 266 5211
www.911memorial.org
info@911memorial.org
M° Cortlandt St (N, R) et Fulton St (4, 5). Entre Liberty et Fulton Streets.

Les nouvelles tours encadrent le 9/11 Memorial, ce grand espace dédié aux victimes des attentats. Ouvert le 11 septembre 2011, soit 10 ans après l'effondrement des tours jumelles, le mémorial se compose de deux grands bassins avec des cascades intérieures (*North Pool* et *South Pool*) où sont gravés à jamais, sur les parois de ces deux bases carrées, au-dessus du musée qui leur rend hommage, les noms de toutes les victimes des attentats de 2001, mais également ceux de 1993. Le mouvement perpétuel de l'eau qui tombe dans le bassin, puis remonte, représente à la fois la chute des *Twin Towers* mais également le cycle de la vie et le renouveau permanent. Ces deux bassins sont situés à l'endroit exact où se trouvaient les deux tours du *World Trade Center*. Le mémorial est aujourd'hui en accès libre et vous pouvez vous y rendre gratuitement, à toute heure de la journée. Chaque 11 septembre, le Président américain s'y rend et y dépose une rose avant de respecter une minute de silence.

ONE WORLD TRADE CENTER – ONE WORLD OBSERVATORY ★★★★

One World Trade Center
285 Fulton Street
✆ +1 212 602 4000
www.oneworldobservatory.com
info@oneworldobservatory.com
M° Chambers Street (lignes A, C) et Park Place (lignes 2, 3).

Le projet de la Freedom Tower (aujourd'hui appelée One World Trade Center) a été mené par l'architecte David Childs de l'agence SOM, à partir du design original de Libeskind. La construction de la tour a commencé en avril 2006 et s'est achevée en mai 2013. 104 étages et 77 ascenseurs composent la tour. Sur le toit, une flèche a été installée, qui culmine à 541 m de hauteur (soit 1 776 pieds, 1776 étant la date de l'indépendance et donc de la naissance des Etats-Unis). La tour est la plus haute des Etats-Unis et de l'Occident. Si l'intérieur est toujours en cours d'aménagement dans les étages du haut, des entreprises telles que la société d'investissement BMB et Condé Nast Publications (société d'édition qui publie entre autres les magazines *Vogue*, *Vanity Fair*, *GQ*, *The New Yorker*, etc.) ont commencé à s'installer fin 2014. Mais tous les étages n'ont pas encore été achetés et la tour peine à se remplir.

9/11 TRIBUTE MUSEUM ★★★

92 Greenwich Street
Financial District
✆ +1 866 737 1184
www.911tributemuseum.org
visitorservices@tributewtc.org
M° Rector Street (lignes R, W, 1).

9/11 Tribute Museum.

Ce musée rend hommage aux victimes du 11 septembre 2001. Il offre aux visiteurs un grand nombre de témoignages écrits ou oraux de cette journée noire qui a marqué la ville à jamais. Il comprend cinq espaces avec beaucoup de clichés de l'effondrement des tours jumelles et la présence de nombreux objets retrouvés dans le terrible chaos post-attentat. Le musée se différencie du 9/11 Museum par son approche plus personnelle des événements. Au-delà des victimes et de leurs proches, il donne la parole aux habitants du Lower Manhattan, dont la vie a basculé suite aux attentats.

East Village, Lower East Side et Alphabet City ★★

Ici, on est loin des tours et des buildings, les immeubles en briques rouges sont bas, les maisons sont belles, un peu décrépies – on entre dans des quartiers géniaux mais moins touristiques. Bordé au nord par l'East Village, contenu, à l'ouest, par la 2nd Avenue et le Bowery, à l'est par l'East River et le Williamsburg Bridge, le Lower East Side comprend deux territoires : l'un, au sud, avec encore une forte influence juive, l'autre, au nord, avec sa population latine, noire, ouvrière et/ou marginale (East Houston Street sert de frontière). Les vestiges du passé de la plus grande communauté juive demeurent sur Orchard Street et forment ce qu'on appelle le Historic Orchard Street Shopping District. On peut encore y faire quelques affaires en tissu et vêtements. Les rues à l'est de East Village, après Avenue A, s'appellent Alphabet City.

Greenwich Village, West Village et Meatpacking District ★★★

Cet ancien village s'est urbanisé au XIXe siècle quand il accueillait immigrants, marginaux et étudiants. Bob Dylan, qui a vécu au 94 MacDougal Street et a chanté dans tous les clubs du coin, à commencer par le Bitter End et le Gaslight Cafe, a écrit *Positively 4th Street* en référence à la rue qui constitue le cœur du Village.

VISITE

Les peintres de la New York School y ont vécu ainsi que toute la bohème artistique des années 1960 et 1970. Depuis sa naissance à la cité, le quartier a toujours conservé un esprit particulièrement tolérant et ouvert aux autres. Jadis fief des communautés gay et lesbienne, des artistes et des contestataires, force est de constater (même si ces communautés sont toujours présentes) que le quartier s'est fortement embourgeoisé au cours des 15 dernières années. Flotte encore pourtant dans l'air cet esprit détendu, ces boutiques improbables et ces vieilles demeures pleines de charme. On se balade dans le Village plus qu'on ne le visite. Le Meatpacking District a longtemps été un quartier ignoré par les touristes. Situé au nord au West Village, il a longtemps abrité les abattoirs de New York. Depuis le début des années 1990, les grands hangars ont été transformé en galeries d'art, boîte de nuits, ou boutiques de luxes. Aujourd'hui la *jet-set* new-yorkaise a investi le quartier.

Joueurs d'échecs, Washington Square Park.

HIGH LINE ★★★

529 West 20th Street
Meatpacking
✆ +1 212 206 9922
thehighline.org
info@thehighline.org
M° 8th Avenue – 14th Street (lignes L, A, C, E).

New York a aussi ses jardins suspendus ! A l'instar de la Coulée verte à Paris, la Highline est une ancienne voie de chemin de fer désaffectée depuis les années 1980 et réhabilitée en parc. Cette ancienne voie desservait les marchandises dans les entrepôts et manufactures du Meatpacking District. Aujourd'hui, seul le segment qui s'étend de Gansevoort Street à la 34e rue a été aménagé (entre les 10e et 11e avenues), pour se transformer en véritable parc urbain suspendu. Le résultat est bluffant. Sur une trentaine de *blocks*, et à 10 mètres du sol, la promenade est magnifique et offre une vue inédite sur l'Hudson et les buildings de Midtown.

WASHINGTON SQUARE PARK ★★★

Greenwich Village
M° West 4th Street (lignes A, B, C, D, E, F, M), 8th Street-NYU (lignes W, R).

Situé au début de la 5th Avenue et à l'embranchement de West 4th Street, on reconnaît Washington Square Park à son arc de triomphe érigé en 1892 en l'honneur du premier président des Etats-Unis. Marcel Duchamp y monta un jour de 1916 pour y célébrer la « République libre et indépendante de Washington Square ». Ce charmant parc se trouve sur l'ancien emplacement des potences publiques et d'un cimetière où des milliers de corps furent enterrés pendant une épidémie de fièvre jaune.

Times Square et Midtown ★★★

L'endroit le plus symbolique de New York. Des *buildings* et encores des *buildings* ! Midtown couvre à lui seul un immense noyau de la ville et offre autant de colorations que son espace peut en contenir. Par Midtown, comprenez Midtown East, Midtown West, Chelsea et, au cœur de l'ensemble, Times Square l'illuminé ! Si Central Park représente la limite nord de Midtown, les avis divergent sur sa frontière sud, située tantôt à hauteur de la 23rd Street, tantôt à partir de la 34th Street. Nous avons cependant inclus Chelsea, le Flatiron District ou Gramercy Park dans Midtown pour des raisons de logique en termes de déplacement. De même, nous avons clairement distingué Midtown West et son empire de l'entertainment (Times Square bien sûr) et Midtown East, institutionnel, marchand, mais aussi plus secret.

BRYANT PARK ★★★

Entre 5th et 6th Avenue
Midtown
www.bryantpark.org
events@urbanmgt.com
M° 42nd Street (lignes B, D, F, M) et 5th Avenue (ligne 7).

Il y a toujours de l'animation à Bryant Park. Les jours ensoleillés et en été, bancs, chaises et pelouses sont pris d'assaut pendant la pause de midi. En été, le parc abrite un festival (gratuit) de cinéma en plein air qui vaut vraiment le coup. Les New-Yorkais s'installent avec leurs couvertures et leur pique-nique plusieurs heures à l'avance pour y trouver des places. On peut avoir accès à une multitude d'activités gratuites pendant la belle saison : cours de yoga, tables de ping-pong, concerts, lecture de poésie... En hiver, lorsque la patinoire et le marché de Noël s'installent, le parc est un des endroits les plus magiques à New York. Prenez un chocolat chaud et installez-vous sur les bancs autour du manège qui joue du Edith Piaf et du Frank Sinatra.

CARNEGIE HALL ★★★

881 7th Avenue
Midtown West
✆ +1 212 247 7800
www.carnegiehall.org
M° 57th Street (lignes N, R, Q, W).

Construit en 1891, le Carnegie a entendu nombre d'œuvres majeures venir au monde pour la première fois, des débuts de Rubinstein à la création de la *Symphonie du Nouveau Monde* de Dvořák en 1893. On a peine à croire que la merveilleuse salle (sobre et acoustiquement parfaite) qui se cache derrière la façade de style néo-Renaissance italienne a failli être détruite par d'avides entrepreneurs après le départ du New York Philharmonic vers ses nouveaux quartiers, au Lincoln Center. Elle fut sauvée (c'était au début des années 1960) grâce à l'opiniâtreté du violoniste Isaac Stern, dont la vraie carrière débuta lors d'un certain concert, le 8 janvier 1943, dans ces mêmes murs. Il avait fallu au milliardaire américain Andrew Carnegie un don de visionnaire pour décider d'inscrire un tel bâtiment dans un quartier alors hors de mode. Tchaïkovski inaugura Carnegie Hall en 1891. De Paderewski à Bruno Walter, de Casals à Horowitz, de Judy Garland à Segovia, Julie Andrews ou les Beatles, la liste est trop longue pour citer le livre d'or de Carnegie où se sont produits les plus grands orchestres internationaux et les principaux orchestres américains.

CHRYSLER BUILDING ★★★★

405 Lexington Avenue
A l'angle de 42nd Street
M° Grand Central-42nd Street
(lignes 4, 5, 6, 7 et S).

C'est le gratte-ciel préféré des New-Yorkais et l'un des monuments emblématiques de la Grosse Pomme. Bâti en 1930 et plus vieux d'un an que l'Empire State Building (plus petit aussi), le Chrysler Building fut pendant un an le plus grand gratte-ciel du monde, avec ses 77 étages pour 318 mètres de haut, et le deuxième plus grand édifice du monde derrière la tour Eiffel. Avec son allure gracieuse, ses gargouilles géantes en forme d'aigles ou même de bouchons de radiateur (à l'époque commercialisés par Chrysler), et son dôme fantastique et brillant évoquant un donjon de conte de fées, le Chrysler a une architecture particulièrement intéressante. Le propriétaire Walter P. Chrysler (1875-1940), magnat de l'automobile, souhaitait un immeuble pour immortaliser la réputation de sa firme. New York lui doit le plus imaginatif de ses chefs-d'œuvre Art déco.

EMPIRE STATE BUILDING ★★★★

350 5th Avenue
Midtown
✆ +1 212 736 3100
www.esbnyc.com/fr
M° Penn Station (lignes 1, 2, 3, A, C, E).

Aujourd'hui, du haut de ses 443 m, l'Empire State Building occupe le 5e rang aux Etats-Unis après le One World Trade Center, la nouvelle Central Park Tower et les tours Willis et Trump de Chicago. A la fin de sa construction en 1931, il avait beau être le plus grand immeuble du monde, il n'était qu'un gratte-ciel à moitié vide. Le salut va venir sous la forme d'un monstre romantique, King Kong, qui va assurer la réputation universelle du géant sur les écrans de cinéma du monde entier. Inévitablement, c'est au singe géant agrippé au gratte-ciel que l'on songe tout en se laissant emporter jusqu'aux observatoires du 86e et du 102e étage pour un panorama sans équivalent sur Manhattan, à 320 m d'altitude.

FLATIRON BUILDING ★★★

175 5th Avenue
Flatiron District
M° 23rd Street (lignes 4, 5, 6, R, W).

Cet immeuble, signé de la star de l'école de Chicago Daniel Burnham (1846-1912), dont la forme oblongue et triangulaire évoque un fer à repasser, offre son nom au quartier : le Flatiron District. S'élevant au sud de Madison Square Park, à l'angle de Broadway et de 5th Avenue, il compte donc parmi les édifices les plus emblématiques de New York (on le voit d'ailleurs dans une scène de *Spiderman* et régulièrement dans les plans de coupe dans la série *Friends*). Difficile de croire que cet immeuble de 20 étages et de 87 m de hauteur fut un jour le plus haut de la ville (pendant un an). Le plus petit bureau, à l'extrémité du bâtiment, ne fait que deux mètres de largeur !

GRAND CENTRAL TERMINAL ★★★

East 42nd Street
Midtown
✆ +1 212 935 3960
M° Grand Central-42nd Street
(lignes 4, 5, 6, 7, S).

Cette énorme gare, achevée en 1913 après 10 ans de travaux, était autrefois le point de départ et d'arrivée des grands trains vers Chicago et la Californie.

© ERIKA CROSS – SHUTTERSTOCK.COM

MoMA.

Aujourd'hui, des dizaines de milliers de banlieusards traversent son hall stupéfiant sous un plafond décoré d'étoiles, et haut de plus de 40 m. La façade de l'édifice est ornée de statues et surmontée d'une grosse horloge.

■ MUSEUM OF MODERN ART (MOMA) ★★★★

11 West 53rd Street
Midtown
✆ +1 212 708 9400
www.moma.org
info@moma.org
M° 5th Avenue-53rd Street (lignes E, M) ou 47th-50th Streets-Rockefeller Centre (lignes B, D, F).

Début 2005, le MoMA retrouvait ses murs, une maison largement revisitée et modernisée pendant trois ans par Yoshio Taniguchi. C'était avant tout la fin d'une longue attente qui avait vu l'extraordinaire collection de MoMA divisée entre un MoMA Qns (annexe temporaire dans le Queens), un MoMa Berlin et des coffres-forts bien gardés. Les trois anneaux sont réunis et la mémoire de l'art du XXe siècle que constitue la collection du MoMA peut à nouveau être livrée à une foule avide de sa puissance évocatrice. Car il s'agit bien du premier musée d'art moderne du monde !

■ ROCKEFELLER CENTER ★★★★

45 Rockefeller Plaza
Midtown
✆ + 1 212 698 2000
www.rockefellercenter.com
rctourinfo@topoftherocknyc.com
M° 47th-50th Streets-Rockefeller Center (lignes B, D, F, M).

Ce gigantesque ensemble de dix-neuf immeubles exerce une attraction formidable sur l'ensemble de Midtown. Bâtie entre 1930 et 1940 par John D. Rockefeller Jr., le fils du magnat du pétrole, cette ville dans la ville est dominée par le RCA Building, reconnaissable à sa hauteur : 67 niveaux, avec en appendice le poste d'observation Top of the Rock – au 70e étage, qui fait concurrence à l'Empire State Building.

SAINT PATRICK'S CATHEDRAL ★★★

5th Avenue, entre 50th et 51st Streets
Midtown
✆ +1 212 753 2261
www.saintpatrickscathedral.org
M° 5 Avenue-53 St (lignes E, M).
Siège de l'archidiocèse de New York, Saint Patrick, qui semble dater du Moyen Age, fut construite en réalité entre 1858 et 1879. Si, parmi tous les gratte-ciel qui l'entourent, elle paraît bien petite, elle n'en est pas moins la plus grande église catholique et gothique de tous les Etats-Unis. Son intérieur est magnifique.

TOP OF THE ROCK ★★★★

30 Rockefeller Plaza
Midtown
✆ +1 212 698 2000
www.topoftherocknyc.com
info@topoftherocknyc.com
M° 47th-50th Streets-Rockefeller Center (lignes B, D, F, M).
Envolez-vous jusqu'au 70e étage du Rockefeller Center pour une mémorable expérience : depuis la véranda panoramique (à 360 degrés), la vue sur New York et Central Park dominé par les silhouettes dressées des buildings est éblouissante ! Certainement l'un des plus beaux panoramas de la ville, au moins autant que celui du 86e étage de l'Empire State Building, la foule en moins, les touristes préférant souvent grimper au sommet de son rival. Pourtant, depuis l'observatoire du Top of the Rock, vous aurez la vue meilleure vue possible... sur l'Empire State Building !

UNION SQUARE ★★★

De East 14th Street à East 17th Street
M° 14th Street-Union Square
(lignes 4, 5, 6, L, Q, R, W).
Au début des années 1980, c'était encore un repaire de dealers et de junkies. Nettoyé, rénové et pacifié, ce grand square côtoie à présent, sans complexes, des immeubles d'habitation huppés et de nombreux restaurants à la mode. Il est même devenu lieu de vie à part entière où se côtoient des danseurs

Union Square.

de hip-hop, des joueurs d'échecs, des caricaturistes, des groupes de musique, et un marché bio.

Upper West Side et Central Park ★★★

L'Upper Manhattan débute à hauteur de l'importante 57th Street, le faubourg Saint-Honoré de New York, et se divise de part en part de Central Park, comme les deux bras d'un fleuve urbain, en deux entités énormes : l'Upper East Side et l'Upper West Side. Lorsque vous aurez épuisé les plaisirs de Downtown, n'hésitez pas à vous embarquer pour l'Upper West Side. Vous y découvrirez un Manhattan moins couru, mais non moins captivant. Et lorsque vos jambes ne vous supporteront plus, vous aurez toujours le loisir de vous étendre sur une pelouse de Central Park... Quartier de prédilection de l'intelligentsia new-yorkaise, il n'en demeure pas moins si complexe et hétéroclite que l'on pourrait passer sa vie à le décoder. Il n'existe aucun quartier comme l'Upper West Side, où le sublime hôtel Excelsior voisine avec le non moins sublime Mayflower dans une alchimie à nulle autre pareille avec l'une des plus qualitatives concentrations d'hôtels à petit prix de New York.

■ AMERICAN MUSEUM OF NATURAL HISTORY ★★★

200 Central Park West
✆ +1 212 769 5100
www.amnh.org
hostanevent@amnh.org
M° 79th Street (ligne 1)
ou 81st Street (lignes B et C).

Construit vers 1860, situé sur le flanc ouest de Central Park, en face du Metropolitan Museum dont il est le pendant, le musée d'Histoire naturelle de New York est l'un des plus extraordinaires musées du monde (et accessoirement le plus grand musée d'Histoire naturelle du monde avec 46 salles d'exposition). Un lieu magique où amener les enfants.

■ CENTRAL PARK ★★★★

Central Park
✆ +1 212 310 6600
www.centralparknyc.org
Entre 59th Street et 110th Street
et entre 5th Avenue et Central Park
West. Plusieurs entrées possibles.

Avec ses 337 hectares, Central Park est la bulle verte de New York. Situé dans la partie haute de la ville, entre 59th et 110th Street du sud au nord (4 km de longueur) et de 5th Avenue à Central Park West d'est en ouest, ce parc a été créé au milieu du XIXe siècle pour permettre aux New-Yorkais de goûter aux joies de la nature et de la détente. Il a fallu 20 ans et plus de 10 millions de wagons de terre et de roches pour créer ce milieu naturel en plein cœur de la ville. Dès que les premiers rayons de soleil d'été apparaissent, on vient bronzer à Central Park, on s'assoit sur les bancs le long du lac où l'on fait une promenade en barque, on apporte le pique-nique et on passe la journée en famille ou entre amis. On assiste à des matches de baseball amateur sur les grandes pelouses à hauteur de la 72e rue. Le week-end, les New-Yorkais rangent leurs costumes et tailleurs et se transforment en sportifs. Ici, on fait son jogging autour du réservoir, on joue au soccer, au frisbee, au basket, au volley ou au base-ball. On fait un tour à vélo ou en rollers, les couples de jeunes mariés posent pour la photo souvenir. Les artistes sont partout, mimes, comédiens, musiciens, peintres, danseurs...

Upper East Side ★★

Depuis que New York existe, c'est le quartier chic par excellence. Celui des grandes familles, des dynasties économiques et intellectuelles, et des valeurs traditionnelles. En témoignent les petits groupes d'enfants en uniformes scolaires ou les gardiens d'immeubles en gabardine de parade et chapeau qui accueillent les propriétaires et refoulent les importuns qui n'ont pas été annoncés. Quartier fortuné et de tradition, le très *upper class* Upper East Side, situé dans la partie nord-est de Manhattan, entre Central Park est et l'East River, réunit le long de Central Park certains des hôtels les plus majestueux de New York, summum du luxe urbain de bon goût.

THE GUGGENHEIM MUSEUM ★★★

1071 5th Avenue, Upper East Side
✆ +1 212 423 3500
www.guggenheim.org
boxoffice@guggenheim.org
M° 86th Street (lignes 4, 5, 6).

Tout est parti de New York et d'un richissime collectionneur très porté sur les nouvelles formes d'expression. Durant les années 1920 et 1930, Solomon R. Guggenheim se mit à collectionner les œuvres de peintres européens, qu'il exposait dans ses appartements du Plaza Hotel, devant un public choqué par l'avant-garde abstraite. Parmi les artistes figuraient Léger, Mondrian, Klee, Chagall et Kandinsky, les deux derniers représentant le noyau de la collection permanente du musée. Le musée Guggenheim est, dit-on, le plus scandaleux de New York… mais une partie de son prestige ne tiendrait-elle pas finalement à sa structure cylindrique signée Frank Lloyd Wright ?

METROPOLITAN MUSEUM OF ART (MET) ★★★★

1000 5th Avenue
Upper East Side
✆ +1 212 535 7710
www.metmuseum.org
web.site@metmuseum.org
M° 86th Street (lignes 4, 5, 6).

Rampe hélicoïdale et dôme du Guggenheim Museum (Upper East Side).

Tout est dit dans le slogan du Met : *5 000 years of Art*, ou « 5 000 ans d'Art » ! Cette institution new-yorkaise, équivalent local de notre Louvre, fut fondée en 1870 par un groupe d'éminents citoyens de la finance, de l'industrie et des arts. C'était alors un bizarre petit bâtiment, dont on a un aperçu dans le film de Scorsese, *L'Age de l'innocence.* Le musée occupe l'équivalent de quatre *blocks*. On dit qu'il faudrait une vie entière pour découvrir les quelque 2 millions d'œuvres d'art conservées dans les 18 départements du Met sur plus de 600 km², et une autre vie pour s'imprégner de leur signification dans l'espace et le temps : le musée regroupe des objets d'art de 5 000 ans de civilisations les plus diverses (Chine, Extrême-Orient, Egypte, Assyrie, Grèce, Rome, Afrique, Océanie, Europe, monde islamique, Amériques), de la préhistoire à nos jours.

Harlem et le nord ★★

Le nom de Harlem vient du néerlandais *Nieuw Haarlem* ou « Nouvelle-Haarlem », Haarlem étant une ville des Pays-Bas. Urbanisé à partir de 1880, le quartier fut d'abord le lieu de résidence et de villégiature d'une classe plutôt aisée d'immigrants d'Europe du Nord et de l'Est. C'est véritablement à partir de 1910, suite à l'expansion de la ville, que les Noirs américains commencent à s'installer dans ce quartier. Il devient tout à la fois centre de la lutte pour l'égalité des droits civiques et foyer de la culture afro-américaine : des caractéristiques qui font aujourd'hui sa renommée mondiale.

LES AUTRES BOROUGHS

BROOKLYN ★★★

Avec plus de 2,6 millions d'habitants au dernier recensement, Brooklyn est le borough le plus peuplé de New York City. D'ailleurs, s'il était indépendant, il serait la 4e ville la plus peuplée des États-Unis ! Un Américain sur sept aurait ses racines à Brooklyn, et une chose semble sûre : les Brooklynites n'oublient jamais leurs origines, sont fiers d'appartenir à ce quartier et, pour beaucoup, ne voudraient pas vivre ailleurs. Bien sûr, il y a des exceptions, telle Mae West, qui, après 50 ans de succès à Hollywood, a choisi de se faire enterrer dans son quartier natal au cimetière de Cypress Hill, ou Woody Allen, autre Brooklynite célèbre qui ne jure que par Manhattan, ou encore Mel Brooks, Barbra Streisand, Walt Whitman, Henry Miller, Truman Capote, Norman Mailer, Mickey Rooney, Rita Hayworth, Lena Horne, George Gershwin ou bien Veronica Lake…

Les Brooklynites ne sont pas des banlieusards à la française, en ce sens que Brooklyn fait partie intégrante de New York (souvenez-vous-en, ce n'est pas une lointaine banlieue oubliée). De plus on y trouve une diversité culturelle plus grande qu'à Manhattan. Brooklyn est victime d'un exode citadin : beaucoup de New-Yorkais préfèrent s'y installer, pour profiter d'un peu de calme et fuir le stress de Manhattan. Les loyers y sont aussi moins chers, même si certains quartiers sont déjà hors de prix (DUMBO et Carroll Gardens, par exemple).

Ce borough est négligé par les touristes qui se contentent souvent de ses incontournables, il faut pourtant se rendre compte que sans Brooklyn, New York n'est rien ! D'autre part, il est très facilement accessible en métro (par les lignes Q, F, L, 2 et 3 notamment).
Bien qu'il y ait quelques reliefs à son extrémité occidentale, Brooklyn est dans l'ensemble plat (d'où les noms de Flatbush et Flatlands). South Brooklyn constitue la partie nord du borough et se situe juste au sud de Downtown Brooklyn, le vieux quartier des affaires. Au sud-ouest, Brooklyn borde le port de New York, du Gowanus Canal à Red Hook et Fort Hamilton.

BROOKLYN BRIDGE PARK ★★

334 Furman Street
Dumbo
✆ +1 718 222 9939
www.brooklynbridgepark.org
M° High Street (lignes A, C).
Anciennement industrielle, cette zone de Brooklyn a été revitalisée en un grand parc qui recouvre 34 hectares le long de la East River. Il rejoint la Brooklyn Heights Promenade et comprend aujourd'hui une promenade suspendue, Squibb Park and Bridge, des pelouses et terrains de volley, une plage et Jane's Carousel, un carrousel qui date de 1922. Le tout, bien entendu, avec la *skyline* en toile de fond. Une balade au Brooklyn Bridge Park est un *must* absolu, ne serait-ce que le temps de prendre une photo avec le pont et Manhattan qui se superposent.

BROOKLYN HEIGHTS PROMENADE ★★

Une fois le pont de Brooklyn traversé, profitez-en pour admirer la vue exceptionnelle de Manhattan depuis le quartier de Brooklyn Heights. D'abord au bord de l'eau, dans le magnifique parc Pier 1. Puis, au sud du parc, prenez le pont suspendu qui vous fera une petite frayeur ! Après l'avoir traversé, prenez Columbia Heights et, juste avant de croiser Orange St., tournez à droite pour entrer dans la Brooklyn Heights Promenade, qui s'étend sur cinq *blocks*, et offre une vue magnifique.

BROOKLYN MUSEUM ★

200 Eastern Parkway
Prospect Heights
✆ +1 718 638 5000
www.brooklynmuseum.org
information@brooklynmuseum.org
M° Eastern Parkway-Brooklyn Museum (lignes 2, 3).
Le deuxième plus grand musée de New York après le Metropolitan Museum of Art. Installé dans un magnifique bâtiment de style Beaux-Arts, il offre des expositions temporaires et permanentes exceptionnelles : arts du Pacifique, des Amériques, art africain ou islamique, et l'une des plus belles collections d'art égyptien au monde. La section impressionniste dévoile des œuvres de Degas, Cézanne, Monet et Matisse et une salle entière expose une soixantaine d'œuvres de Rodin. Ce musée, malheureusement trop souvent délaissé par les visiteurs, vaut vraiment la peine d'être visité.

QUEENS ★★

Ainsi nommé en l'honneur de la reine Henrietta-Marie de Bragance (femme de Charles II d'Angleterre), un peu moins peuplé que Brooklyn, beaucoup plus sûr que le Bronx, Queens est par sa taille le plus grand *borough* de New York (un tiers de la superficie totale de la ville, soit cinq fois la taille d'une ville comme Rennes).

VERSION NUMÉRIQUE
OFFERTE
Obtenez votre guide numérique en scannant le QR code
ou rendez-vous sur le site
www.ebookfute.com
avec le code avantage
3P2XXV
petit futé
CARNET DE VOYAGE
CÔTE EST
DES ÉTATS-UNIS
OFFRE VALABLE JUSQU'À L'ARRÊT DE COMMERCIALISATION DU TITRE EN FRANCE MÉTROPOLITAINE ET DANS LE MONDE ET SOUS RÉSERVE QUE LE NOMBRE DE TÉLÉCHARGEMENTS SOIT INFÉRIEUR OU ÉGAL AU NOMBRE D'EXEMPLAIRES DE GUIDES PAPIER IMPRIMÉS. FORMATS DISPONIBLES POUR SMARTPHONES, TABLETTES, LISEUSES ET ORDINATEURS PC OU MAC.
© PERFECTLAB - SHUTTERSTOCK.COM

Quintessence du quartier dortoir, cet énorme *borough* recèle néanmoins de quelques points de logistique touristique intéressants, dans quelques quartiers ciblés. Le mélange de communautés a fait du Queens le comté comportant le plus grand nombre de nationalités des États-Unis. Vous en aurez d'ailleurs un aperçu en quittant les deux aéroports qui y sont implantés : JFK et La Guardia. Ce *borough* abrite la plus importante diaspora grecque au monde (dans le quartier d'Astoria, M° N et W), la plus épouvantable prison de New York (Riker's Island, au large de La Guardia Airport), une partie de la mafia italienne, une grande communauté asiatique (55 % des habitants de Flushing), le plus grand complexe de tennis (Flushing Meadow) et le premier et plus grand musée américain consacré à l'histoire du cinéma (The Museum of the Moving Image).

THE BRONX ★

Séparé de Manhattan par la Harlem River, le Bronx est l'un des deux lieux en Amérique à être précédé de l'article défini « the ». On dit « The Bronx », et tout est dit. Un bras de l'Hudson a laissé la trace d'une vallée sur ce vaste territoire qui fait partie du continent. Dans la mythologie américaine contemporaine, le Bronx a longtemps été le symbole du New York violent, peuplé de gangs. Mais depuis une dizaine d'années, le quartier s'est assagi. C'est d'ailleurs à l'est de Brooklyn que se trouvent aujourd'hui les quartiers les plus dangereux. Néanmoins, il est encore déconseillé pour un touriste de visiter le Bronx le soir. Ce *borough* est le siège du plus grand zoo du monde avec un splendide jardin botanique attenant. Les passionnés de sport pourront aller s'initier aux règles du base-ball et du football américain au Yankee Stadium. En dépit des merveilles architecturales (Art déco) qui ornent Grand Concourse, ces Champs-Élysées d'autrefois, le Bronx n'est pas un quartier propice aux promenades nonchalantes, à l'exception peut-être d'Arthur Avenue, le Little Italy du Bronx qui s'anime le week-end grâce à ses restaurants authentiques et son

Vue sur le Bronx depuis Manhattan.

Zoo du Bronx.

marché de produits. Si vous n'allez pas au Bronx, le Bronx n'ira pas à vous… Si, néanmoins, Edgar Allan Poe et le Bronx évoquent pour vous de mystérieuses affinités, sachez que la maison où le poète maudit de l'Amérique vécut les trois dernières années de sa vie, avant de mourir fou en 1850 à Baltimore, se dresse toujours au 2460 Grand Concourse, à la sortie du New York City Botanical Garden, et qu'on peut la visiter.

■ THE BRONX ZOO (WILDLIFE CONSERVATION SOCIETY) ★★

Bronx River Parkway
et Fordham Road
✆ +1 718 367 1010
www.bronxzoo.com
M° West Farms Sq (lignes 2, 5).

Fondé en 1889, ce parc zoologique est l'un des plus grands de la planète. Ses dimensions lui ont permis de laisser ses animaux en liberté. Il s'étend sur 170 hectares de terrains boisés et héberge plus de 6 000 animaux d'environ 650 espèces et sous-espèces. Pour les gros animaux tels les ours, les tigres, les girafes, pas de cages mais des espaces aménagés, proches de leur milieu naturel d'origine. Le zoo abrite beaucoup d'espèces rares dont la plupart sont en voie de disparition comme les tigres de Sibérie, les éléphants d'Asie ou les alligators chinois.

STATEN ISLAND ★★

Après la révolution, comme l'Etat du New Jersey et l'Etat de New York convoitaient tous deux Staten Island, en vérité plus proche du second que du premier, il fut décidé qu'une course de bateaux déterminerait le choix de l'heureux propriétaire de l'île. New York gagna et Staten Island demeura dans son giron.

Avec quelque 477 000 habitants, Staten Island est le moins peuplé des boroughs de New York City. L'île est plus vaste que Manhattan. L'endroit donne un aperçu de la vraie Amérique, celle des *suburbs* : maisons particulières, voitures particulières et longues distances.

LONG ISLAND

C'est le lieu de villégiature préféré des New-Yorkais de New York City. A moins d'une heure de la métropole (vous pouvez y accéder facilement en train depuis *Penn station)*, vous arrivez à Long Island et ses petits villages côtiers et plages de sable fin. Ces plages sont souvent classées parmi les meilleures des Etats-Unis. C'est le cas de Main Beach à East Hampton. Long Island est un endroit idéal pour les surfeurs, les épicuriens et les historiens en herbe.

C'est également la région agricole la plus diverse et riche de New York. La fraîcheur des produits de l'océan est sans pareille, la région viticole est l'une des 10 plus importantes des Etats-Unis, les fermes y élèvent des bovins, des canards et y font pousser des produits frais qui font le bonheur des grands chefs de la région dont l'intérêt pour le *farm-to-table* fait le bonheur de tous (produits frais, de saison et locaux !).

Au-delà des plaisirs simples de la table et des sorties en plein air, Long Island déborde d'histoire. Entre autres, la *Gold Coast* au Nord vous emporte dans les années 1920 où les manoirs et châteaux somptueux que vous pouvez visiter rappellent les soirées extravagantes de l'époque de *Gatsby le Magnifique* (*The Great Gatsby*). Le célèbre roman de Francis Scott Fitzgerald se passe effectivement à Long Island et les villages fictionnels de West Egg et East Egg sont en réalité Kings Point (Great Neck) and Sands Point (Port Washington). Gatsby a été magnifiquement incarné à l'écran par Robert Redford et, plus récemment, par Leonardo DiCaprio.

HUDSON VALLEY

Zone historique très riche, la vallée de l'Hudson est également la plus ancienne région viticole du pays. La passion de la cuisine et des produits locaux associée à des paysages pittoresques en fait une destination très prisée des habitants de New York City.

FINGER LAKES

Les Finger Lakes ont été formés par des glaciers et leur petit nom leur vient de leur forme allongée et étroite en forme de doigts (*fingers* en anglais). Sept doigts composent cet ensemble de lacs : les lacs Otisco, Skaneateles, Owasco, Cayuga, Seneca, Keuka et Canandaigua auxquels on associe souvent certains autres lacs mineurs de la région. Les Iroquois peuplaient la région et les deux plus grands lacs portent le nom de deux tribus : Seneca et Cayuga.

Plus de 100 vignobles sont regroupés dans cette région puisque la grande profondeur des lacs permet le maintien résiduel de la chaleur de l'été. Cela crée un micro-climat très favorable aux vignes. La chaleur de l'été et la rudesse de l'hiver permettent de récolter des cépages très différents les uns des autres.

NIAGARA FALLS ET SES ENVIRONS

NIAGARA FALLS ★★

A ne pas confondre avec son homonyme canadien, cette ville américaine, d'environ 50 000 habitants, est située dans le comté de Niagara, dans l'État de New York, séparée du Canada par la rivière et les chutes du Niagara. Compte tenu de tout ce qu'il y a à faire du côté canadien, nous vous recommandons d'y venir pour quelques heures ou pour la journée, mais nul besoin d'y prévoir un hébergement.

NIAGARA FALLS (CANADA) ★★★★

Que dire qui n'a déjà été dit ? Que les chutes demeurent la destination favorite des jeunes mariés du monde entier (si l'on en croit la légende, cette mode aurait été lancée par le frère de Napoléon, qui vint ici pour sa lune de miel), qu'elles sont le site le plus photographié au monde et qu'elles pourraient remplir un million de baignoires par seconde... Une chose est sûre, elles impressionnent même les plus blasés, et ce n'est pas un hasard si Hitchcock est passé par-là... Tous les touristes, et ils sont plus de 12 millions chaque année, participent joyeusement à la fascination générale.

LEWISTON ★

Le village historique de Lewiston est un lieu très important de l'histoire de l'esclavage aux Etats-Unis. Les esclaves qui s'échappent des Etats du Sud dans les années 1840 empruntent un réseau de routes clandestines appelé *Underground Railroad* et arrivent jusqu'à Lewiston, le dernier arrêt avant la liberté. Car ce petit village est situé au bord de la rivière Niagara qui sépare le Canada des Etats-Unis. A l'époque, les abolitionnistes qui y habitent cachent les esclaves fugitifs dans les sous-sols de leur maison et au milieu de la nuit, ils les aident à traverser la rivière sur de petites barques pour atteindre la rive canadienne qui leur promet une vie meilleure. Le monument de bronze *Freedom Crossing* érigé en 2009 sur la rive du village dépeint parfaitement cette scène.

VISITE

Les chutes du Niagara.

CONNECTICUT

Le Connecticut, c'est un concentré de Nouvelle-Angleterre. Sa situation géographique, à proximité des grandes métropoles que sont New York et Boston, en a fait le lieu de vacances privilégié des citadins stressés en mal de verdure. Et pour cause, ce petit Etat de quelque 3,5 millions d'habitants rassemble sur un même territoire de minuscules villages et de très grandes villes tertiaires et industrielles.

En arpentant les routes sinueuses du Connecticut, vous partirez à la rencontre de paysages pittoresques, où les vastes étendues agricoles côtoient les vieux moulins encore sur pied. Vous passerez d'un monde à l'autre en quelques kilomètres, en arrivant à Hartford, la capitale de l'Etat. On y retrouve les cadres du secteur bancaire qui se mêlent aux artistes les plus branchés.

A New Haven, ville de la prestigieuse et quasi tricentenaire université de Yale, les étudiants donnent à la ville une légèreté que l'on ne retrouve nulle part dans le reste de l'Etat.

HARTFORD ★★

La capitale du Connecticut est connue dans le monde entier pour ses activités tertiaires. Surnommée « Insurance Capital of the world », la ville compte aujourd'hui 125 000 habitants. C'est le commerce maritime qui a fait les beaux jours de la ville. Pour mutualiser les risques liés aux voyages parfois dangereux, les marins ont créé les premières compagnies d'assurance au XVIIIe siècle. Aujourd'hui, Hartford est aussi une ville où se mêlent artistes et financiers. Son architecture témoigne

Hartford.

de la richesse de l'histoire de la région. Certains habitants d'Hartford ont durablement marqué l'histoire du pays au travers de leurs écrits. C'est le cas de Mark Twain, l'auteur des *Aventures de Tom Sawyer et* de celui de *La case de l'oncle Tom,* dont les maisons se visitent aujourd'hui.

THE MARK TWAIN HOUSE & MUSEUM ★★★

351 Farmington Avenue
✆ +1 860 247 0998
www.marktwainhouse.org
info@marktwainhouse.org

Entrez dans les coulisses de la demeure de Mark Twain, de son vrai nom Samuel Langhorne Clemens (1835-1910), l'auteur des *Aventures de Tom Sawyer* et l'un des écrivains américains les plus reconnus. Cette maison de 19 pièces, qui semble tout droit sortie de l'imagination de son ancien propriétaire, est de style victorien gothique. C'est entre ces murs que l'écrivain a rédigé quelques-uns de ses textes les plus célèbres : *Tom Sawyer*, mais aussi *La Vie sur le Mississippi*, ou encore les *Aventures d'Huckleberry Finn.* La maison se découvre uniquement dans le cadre de visites guidées, dont la durée varie entre 45 minutes et 1 heure 15. Elles permettent en outre de se faire une idée de la vie des nantis dans l'Amérique de la fin du XIXe siècle.

NEW HAVEN ★★

Depuis 1718, l'université de Yale participe au rayonnement économique et culturel de New Haven. Commencez votre découverte par la visite du campus qui vous donnera un bon aperçu de l'ambiance estudiantine qui règne un peu partout dans la ville. Aux alentours de Yale, de nombreux bâtiments historiques abritent aujourd'hui des musées de grande qualité.

YALE UNIVERSITY ★★★

Mead Visitor Center
149 Elm Street
✆ +1 203 432 2300

Comme l'université d'Harvard, Yale est membre de l'Ivy League – groupement des huit universités les plus prestigieuses des Etats-Unis, toutes situées dans le nord-est du pays. Cinq présidents des Etats-Unis sont diplômés de cette université : Willam Howard Taft, Gerald Ford, Bill Clinton et les Bush père et fils. Sur les bancs de l'université de Yale sont aussi passés des artistes de renom tels que Mark Rothko, Jodie Foster, Edward Norton, Sigourney Weaver ou encore Meryl Streep. La meilleure façon de prendre le pouls du campus de Yale est de suivre l'une des visites guidées gratuites, qui sont organisées par les étudiants.

NEW LONDON ★

Petite ville de quelque 27 000 habitants, New London a toujours entretenu un lien étroit avec la mer. Aujourd'hui, les étudiants du Connecticut College se mêlent aux artistes et artisans.

MYSTIC ★

Au cœur de la ville, un gigantesque pont à bascule, le Mystic River Bridge, devenu l'épicentre de la vie de cette jolie bourgade. La ville a également été rendue célèbre grâce au film *Mystic Pizza*, qui a lancé Julia Roberts et Matt Damon. Parmi les immanquables, l'aquarium de la ville, aujourd'hui l'un des musées les plus visités de l'Etat du Connecticut.

RHODE ISLAND

C'est le navigateur italien Giovanni de Verrazzano qui donna son nom à l'Etat de Rhode Island, en référence à l'île de Rhodes en Méditerranée. Ce petit territoire de quelque 4 000 km² rassemble en un espace confiné de nombreuses avancées de terre sur l'océan.
L'île de Block Island vous offrira une halte au cœur de la nature. Moins célèbre que Martha's Vineyard, certes, mais aussi bien moins peuplée, c'est l'endroit idéal pour profiter de l'océan sans souffrir de la surpopulation à la belle saison.
Il faut impérativement prévoir une escale à Newport, la ville de résidence des milliardaires. Face à l'océan se dressent les demeures des magnats de l'industrie qui, durant un siècle, se sont affrontés à coup de villas. C'est à celui qui parviendra à se construire la résidence secondaire la plus fastueuse, la plus luxueuse et la plus spacieuse. Certains n'ont pas hésité à faire venir des tonnes de marbre pour habiller leurs créations architecturales et à s'inspirer des châteaux français et européens.
A Providence, vous pourrez goûter une atmosphère joyeusement estudiantine où les étudiants de la Brown University (l'une des plus anciennes aux Etats-Unis) se mêlent aux artistes et graphistes en tout genre.

PROVIDENCE ★★

Providence est la capitale de l'Etat de Rhode Island. Avec plus d'un million d'habitants dans l'aire urbaine, Providence est l'une des villes les plus peuplées de la Nouvelle-Angleterre. C'est en 1636 que les pionniers posent les premières fondations de la ville et la nomment

Providence.

Southeast Lighthouse.

Providence pour remercier la clémence de Dieu qui les a menés jusqu'à ce site. A proximité de l'océan, la ville s'est longtemps enrichie du commerce et de l'industrie. Aujourd'hui ville d'art et de design, Providence accueille chaque année des milliers d'étudiants spécialisés en architecture et arts graphiques.

NEWPORT ★★

Avec seulement 24 000 habitants, Newport tire son succès de son histoire, liée à celle des Etats-Unis d'Amérique. Comme de nombreuses villes de la côte Est, Newport fut fondée au XVIIe siècle par des protestants en quête de liberté. Au XVIIIe siècle, la ville fut la plaque tournante du commerce triangulaire, assurant le transfert d'esclaves noirs vers le Nouveau Monde. Encore aujourd'hui, certains sites portent les traces de ce sombre passé. Aux XIXe et XXe siècles, la ville devient une station balnéaire huppée où les citadins et notamment les New-Yorkais construisent des demeures avec vue sur l'océan. La visite des « mansions » sur Bellevue Avenue est un incontournable de Newport. Ces 11 demeures de luxe, jadis lieu de villégiature des milliardaires de la côte Est, sont aujourd'hui ouvertes au public. Certaines, aux formes audacieuses, s'inspirent des châteaux du Vieux Continent, signe de la passion de l'élite américaine pour l'art de vivre européen.

BLOCK ISLAND ★

Cette île à la nature bien préservée est l'endroit idéal où passer une journée à arpenter les routes à vélo. Les premiers colons posèrent les pieds sur l'île en 1661, et depuis, le site vit au fil des saisons, bercé par les vagues. S'il n'y a pas de sites majeurs à visiter, il faut surtout profiter de l'endroit comme d'une retraite paisible et arpenter les 17 km de l'île sur les sentiers balisés ou au fil de l'eau.

MASSACHUSETTS

Comme d'autres Etats et villes des États-Unis, le Massachusetts tient son nom d'une tribu indienne. Celle-ci s'appelait « Massachusett », ce qui veut dire « l'endroit d'une grande colline ». Aujourd'hui l'Etat du Massachusetts est surnommé l'Etat de la Baie (Bay State), parce que sa capitale, Boston, est entourée par les eaux. La colonie du Massachusetts a été fondée en 1629, et Boston une année après, par des « puritains » qui avaient traversé l'Atlantique dix ans plus tôt à bord du Mayflower pour fuir les persécutions religieuses des autorités anglaises. Situé au nord-est des États-Unis, l'Etat, peuplé d'un peu plus de 6 millions d'habitants, est bordé à l'ouest par l'Etat de New York, au nord par celui du Vermont et du New Hampshire, au sud par l'Etat du Connecticut et celui de Rhode Island.

A l'est, c'est l'océan Atlantique. La superficie de l'Etat est de 27 360 km², et Boston est sa capitale. Les paysages sont variés : plages de la côte atlantique (Cape Cod), montagnes des Berkshires (à l'ouest), le fleuve Connecticut au centre. Les hivers sont longs et froids, le printemps doux, l'automne très agréable, avec des arbres superbement colorés (la plus belle saison pour découvrir l'Etat), et les étés sont chauds et humides. Les autres grandes villes sont Cambridge (ville universitaire avec Harvard et MIT), Salem (procès des sorcières au XVIIe siècle), New Bedford, Springfield, Worcester, Lynn et Lowell.

Le Massachusetts est un des six Etats de la Nouvelle-Angleterre (Connecticut, Maine, New Hampshire, Rhode Island et Vermont), qui s'étend de la banlieue nord de New York à la frontière canadienne. C'est aussi l'un des quatre Etats américains à porter le titre de Commonwealth (avec le Kentucky, la Virginie et la Pennsylvanie). La famille Kennedy est originaire de cet Etat démocrate. Depuis 1960, trois candidats originaires du Massachusetts se sont présentés aux élections présidentielles : John Kennedy (JFK), élu en 1960, Michael Dukakis (1988) et John Kerry (2004).

BOSTON ★★★

Boston compte plus de 690 000 habitants, trois millions avec ses banlieues. Surnommée « Beantown » (les pionniers cuisinaient des haricots qu'ils faisaient mariner dans du sucre), « The City of Higher Learning » (la ville de l'éducation supérieure) ou encore « The Athens of America », Boston est la ville la plus européenne de la côte est. C'est également l'une des plus riches historiquement et culturellement, avec ses concerts, ses festivals, ses musées, ses universités de renom... C'est aussi le centre économique et culturel de la Nouvelle Angleterre. A Cambridge trône Harvard, une des universités les plus renommées du pays.

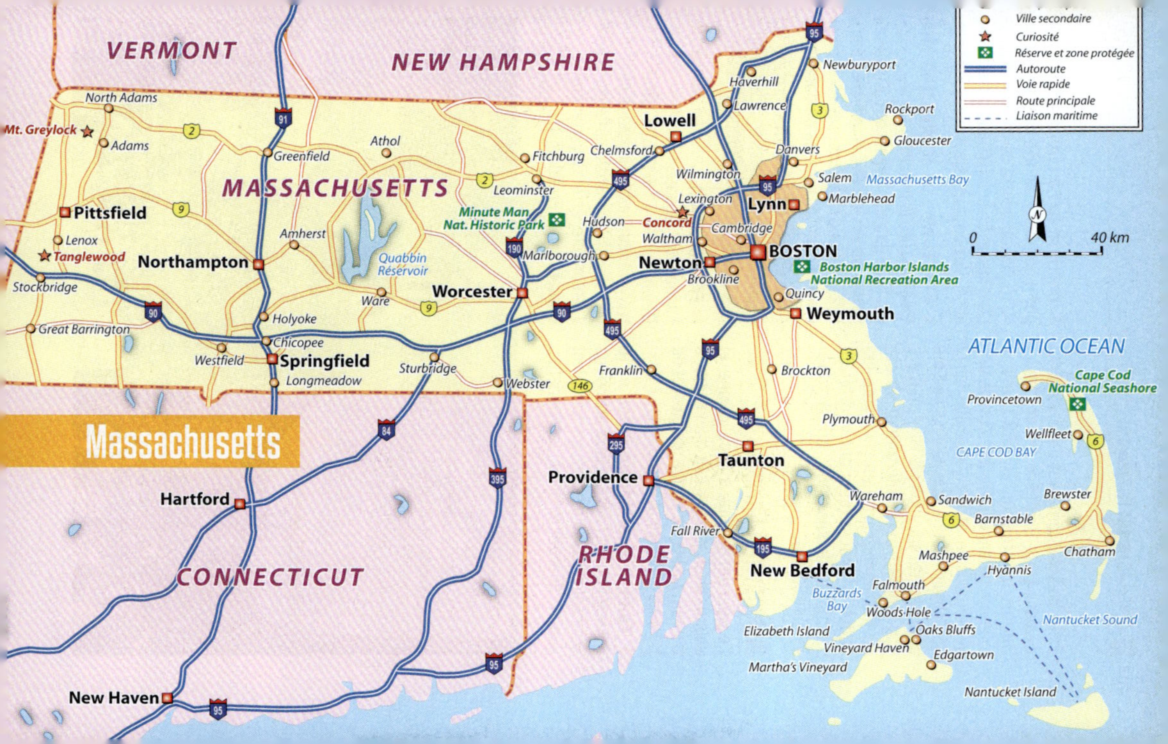
Massachusetts
VERMONT
NEW HAMPSHIRE
MASSACHUSETTS
CONNECTICUT
RHODE ISLAND
ATLANTIC OCEAN
Ville secondaire
Curiosité
Réserve et zone protégée
Autoroute
Voie rapide
Route principale
Liaison maritime
0
40 km
N
BOSTON
Lowell
Lynn
Newton
Weymouth
Worcester
Springfield
Northampton
Pittsfield
Taunton
New Bedford
Providence
Hartford
New Haven
Mt. Greylock
Tanglewood
Concord
Minute Man Nat. Historic Park
Boston Harbor Islands National Recreation Area
Cape Cod National Seashore
North Adams
Adams
Lenox
Stockbridge
Great Barrington
Greenfield
Athol
Amherst
Holyoke
Chicopee
Westfield
Longmeadow
Ware
Sturbridge
Webster
Quabbin Réservoir
Fitchburg
Leominster
Chelmsford
Hudson
Marlborough
Waltham
Lexington
Wilmington
Cambridge
Brookline
Quincy
Franklin
Brockton
Haverhill
Lawrence
Newburyport
Danvers
Salem
Marblehead
Rockport
Gloucester
Massachusetts Bay
Plymouth
Wareham
Fall River
Buzzards Bay
Sandwich
Barnstable
Brewster
Chatham
Mashpee
Hyannis
Falmouth
Woods Hole
Oaks Bluffs
Vineyard Haven
Edgartown
Elizabeth Island
Martha's Vineyard
Nantucket Island
Nantucket Sound
Provincetown
Wellfleet
CAPE COD BAY
2
9
3
6
91
90
84
395
295
495
190
95
195
146

Enfin, Boston incarne plus que toute autre ville des États-Unis celle des extrêmes. Depuis sa création en 1620, elle a toujours balancé entre intolérance liée au puritanisme, et volonté de rébellion et de libéralisme. Un exemple d'aujourd'hui illustre cette situation : la loi en matière d'alcool est particulièrement stricte au Massachusetts, en revanche les couples homosexuels ont le droit de s'y marier depuis 2004. Un paradoxe à l'américaine.

Downtown et Chinatown ★★

Le quartier le plus sympa (jeune et animé) pour se loger lors d'un séjour à Boston. A côté de restos, de bars et du Berkeley College of Music.

Faneuil Hall Market place et le Quincy Market sont des lieux animés où viennent déjeuner les gens qui travaillent dans le quartier ainsi que les touristes.

Derrière le Faneuil Hall, il y a le port Long Warf, appelé Boston Pier en 1710. Ici, on pourra se balader dans le Christopher Columbus Park, où se trouve aussi l'Aquarium de Nouvelle-Angleterre.

Chinatown et le quartier des théâtres. Les principales rues de ce sympathique quartier chinois sont Kneeland, Essex, Beach et Tyler. A quelques blocs de là, le Wang Center est une scène spécialisée dans les grosses productions.

Le Financial District regroupe les bureaux de nombreuses sociétés, autour des rues Congress, Purchase et State.

FANEUIL HALL ★★★

Faneuil Hall Square
Downtown ✆ +1 617 523 1300
www.faneuilhallmarketplace.com
ed.hurley@faneuilhallmarketplace.com
T Green line, arrêt Government Center. Sur le Freedom Trail.

Faneuil Hall.

Ce bâtiment fut construit en 1742, pendant la Révolution américaine, à la demande d'un riche marchand de Boston, Peter Faneuil. Il abrita des réunions qui changèrent le cours de l'histoire, menées par James Otis ou encore Samuel Adams. Entre 1764 et 1775, il était le lieu où les patriotes venaient débattre de leurs nombreux sujets de plainte contre la couronne britannique. C'est en ces lieux que, menés par Samuel Adams, les *Sons of Liberty* ont organisé la résistance et préparé leur rébellion. En 1806, Faneuil Hall est agrandi par l'architecte Charles Bulfinch. Même après la Révolution, le bâtiment est resté un centre majeur de réunion et de discussion. Les thèmes les plus marquants de l'histoire des Etats-Unis y ont été débattus, comme l'abolition de l'esclavage et les droits des Afro-américains.

■ OLD STATE HOUSE ★★★

206 Washington Street
Downtown
www.bostonhistory.org
oldstatehouse@bostonhistory.org
T Blue & Orange Lines, arrêt State Street. Sur le Freedom Trail.

Voici le plus vieux bâtiment public de la ville toujours debout, construit en 1713. Le site est protégé depuis 1960, lorsqu'il a obtenu l'appellation de National Historic Landmark. Lorsque la maison qui se tenait à cet endroit fut ravagée par un incendie, il fut décidé de construire un bâtiment public qui ferait office de bourse marchande et d'entrepôt, et abriterait, au premier étage, la chambre du conseil du gouverneur royal ainsi que la cour suprême de justice du Massachusetts. Dès ses débuts, le lieu était donc un important centre politique. Un certain nombre d'évènements clés liés à la Révolution américaine s'y sont déroulés. C'est en face de l'Old State House qu'a lieu le massacre de Boston le 5 mars 1770, conflit qui opposa les colons à un groupe de soldats britanniques. Six ans plus tard, alors que la Révolution américaine fait rage, la Déclaration d'Indépendance des Etats-Unis est lue publiquement depuis un balcon de l'Old State House. Aujourd'hui, Old State House abrite un musée historique géré par la Bostonian Society, qui raconte l'histoire de la ville.

Beacon Hill et Boston Common ★★★

Beacon Hill. A sa fondation, la ville était entourée par trois collines (les Trimountains). Il ne reste aujourd'hui que celle de Beacon Hill, devenue un charmant quartier bourgeois. Au nord de Boston Common, entre Charles Street et Beacon Street, les maisons de briques et de bois se multiplient harmonieusement. Dans Charles Street, même les enseignes de Starbuck Coffee et de l'épicerie 7-Eleven sont peintes en lettres dorées. On se laisse vite charmer par les belles demeures victoriennes du XIXe siècle, couvertes de lierre et flanquées parfois de vieux lampadaires. Bon nombre de ces grandes maisons ont été transformées en appartements, aujourd'hui occupés par une population bourgeoise, parfois célèbre (John Kerry, le candidat démocrate battu par W. Bush lors de l'élection présidentielle de 2004, ou encore Harrison Gray Otis, l'inventeur de l'ascenseur). A découvrir à pied, en flânant au détour des rues par une journée ensoleillée.

Les quartiers de Boston

BOSTON INNER HARBOR
CHARLESTOWN NAVY YARD
NORTH END
EAST BOSTON
WATERFRONT
FINANCIAL DISTRICT
SEAPORT
BOSTON COMMON & DOWNTOWN
CHINATOWN
SEAPORT DISTRICT
SOUTH BOSTON
FORT POINT CHANNEL
Maverick
Charlestown Bridge
North End Playground
Commercial Street
Copp's Hill Burying Groud
Charter Street
Old North Church
St. Stephen's Church
St. Leonard's Church
P. Revere House
Prince
Causeway St.
North Station
Canal Street
Washington Street
Salem St.
Hanover Street
Richmond St.
Atlantic Avenue
Merrimac St.
New Chardon Street
Haymarket
J.F.K Federal Building
Holocaust Memorial
C. Colombus Waterfront Park
Faneuil Hall
North Market
Quincy Market
South Market
Boston City Hall
Government Center
Center Plaza
Boston Massacre Site
State Street
State
Aquarium
New England Aquarium
King's Chapel
Old City Hall
School St.
Federal
Old South Meeting House
Bromfield St.
Statue de Benjamin Franklin
Park St.
Congress Street
Franklin Street
High Street
Downtown Crossing
Washington
Summer St.
Water Shuttle for Airport
E. Moakley Bridge
0
350 m
Chinatown
Essex Street
South Station
Beach Street
Kneeland Street
Atlantic Avenue
Boston Tea Party Ship & Museum
Congress St. Bridge
Children's Museum
Boston Fire Museum
Seaport Boulevard
World Trade Center
Summer Street
Ramp Trilling
Vers John F. Kennedy Presidential Library and Museum
Medical Center
Sobin Park
South Bay
Broadway bridge
Broadway
4 th Street
West Broadway Street
Edifice religieux
Musée
Curiosité
Théâtre
Marché
Hôpital
Gare routière
Gare ferroviaire
Station maritime
Station de métro

Boston Common (19 ha) est le plus vieux parc public des États-Unis, créé en 1634, lorsque les puritains, dont John Winthrop (1588-1649), le fondateur du campement plus tard devenu la ville de Boston, y plantèrent leurs tentes. A l'époque, ils y faisaient paître leurs vaches (pas plus de 70 par personne). En des temps plus proches de nous, des personnalités comme Jean-Paul II et Martin Luther King y sont venues prononcer des discours. C'est là que débute le Freedom Trail. C'est aussi le cœur de Boston. Joggers, promeneurs, familles et patineurs (sur Frog Pond, l'hiver), se retrouvent dans ses allées verdoyantes. Disséminées dans le parc, plusieurs statues et plaques sont dédiées à l'histoire de Boston. Autre parc, jouxtant Boston Common : le Public Garden (1837), où a été tournée une scène du film *Will Hunting*, avec Matt Damon, sur un banc près du lac. C'est le premier jardin botanique public d'Amérique.

MASSACHUSETTS STATE HOUSE ★★★

1 Ashburton Place, Beacon Hill
✆ +1 617 722 2000
www.malegislature.gov
T Blue Line, arrêt Bowdoin.
Achevée en 1798, et maintes fois agrandie depuis, la State House est l'œuvre de l'architecte Charles Bulfinch (qui a conçu le Capitole de Washington). Situé sur les hauteurs de Beacon Hill, le bâtiment est le siège du gouvernement du Massachusetts. Il abrite l'assemblée et les bureaux du gouverneur. Inspiré du style néoclassique européen, il est connu pour son dôme doré et son bel intérieur. Tout d'abord en bois, le dôme fut recouvert de cuivre puis, en 1874, de feuilles d'or.

MUSEUM OF AFRICAN AMERICAN HISTORY ★★★

African Meeting House & Abiel Smith School
46 Joy Street
✆ +1 617 725 0022
www.afroammuseum.org
history@afroammuseum.org
T : Green & Red lines, arrêt Bowdoin.
Les Afro-américains ont joué un rôle important dans la construction de la ville de Boston. Tout au long du XIXe siècle, de nombreux intellectuels de la ville se sont battus en faveur de l'abolition de l'esclavage. Pour raconter cette histoire, une entité a été créée sous le nom de Museum of African American History. Elle réunit quatre sites, deux à Boston et deux à Nantucket Island, ainsi que deux itinéraires (*trails*). Des visites guidées sont également proposées.

North End et Charlestown ★★

Ces deux quartiers abritent les plus anciens bâtiments de Boston. Ils ont respectivement été fondés en 1630 et 1629.

North End. Habité depuis 1630, North End regroupe de nombreux sites chargés d'histoire, tels que la maison de Paul Revere, Old State Church ou encore le cimetière Copp's Hill. Depuis des décennies, les rues fleurent bon l'Italie. Boulangeries et restaurants ont élu domicile au début du XXe siècle dans ce quartier aux rues escarpées. Quand on y pénètre par Hanover Street, on quitte les buildings de Downtown pour entrer dans un autre univers. Dans Hanover et Salem Streets, les restaurants de *pasta* abondent et les drapeaux vert, blanc et rouge flottent aux fenêtres. Le quartier est vivant, il est agréable de s'y promener.

© ROMANSLAVIK.COM / SHUTTERSTOCK.COM

Massachusetts State House.

Parfois, on aperçoit une vieille femme qui, assise à l'entrée de son immeuble, allume une cigarette. On découvre, çà et là, des épiceries qui n'ont pas changé avec le temps et qui proposent des produits d'Italie et de vrais expressos !

Charlestown. Dans le prolongement de North End, au nord du Charlestown Bridge, on atteint le quartier originel de Boston. C'est ici que les colons puritains s'établirent en 1629. Vous pourrez y visiter le Bunker Hill Monument, un obélisque érigé en 1823 à la mémoire de la bataille de 1775, l'une des plus sanglantes de la guerre d'indépendance des Etats-Unis.

USS CONSTITUTION ★★★
Charlestown Navy Yard
1 1st Avenue
Charlestown
✆ +1 617 426 1812
www.ussconstitutionmuseum.org

Le *USS Constitution* est le plus vieux navire de guerre encore à flot dans le monde. Il fut construit en 1798 par la marine américaine suite au *Naval Act* de 1794, qui visait à fournir un armement naval aux jeunes États-Unis, reconnus indépendants par la Grande-Bretagne dix ans auparavant. La construction de six grands navires de guerre fut ainsi autorisée par le Congrès. Ils sont aujourd'hui considérés comme les « frégates originelles de l'United States Navy ».
L'*USS Constitution* fut le troisième à être construit, et est le seul à ne pas avoir été détruit. Lors de votre visite de l'*USS Constitution*, vous rencontrerez des *marines* formés pour répondre à vos questions sur l'histoire du navire. Ne manquez pas le musée adjacent au navire afin d'en apprendre plus sur la vie des hommes sur un navire de guerre au XIXe siècle.

Back Bay, Fenway et South End ★★★

Le sud-ouest de Boston réunit trois quartiers très agréables et vivants.

- **Back Bay.** Au milieu du XIXe siècle, le quartier de Back Bay était situé à côté de marais d'où se dégageait une odeur si nauséabonde que la ville a pris les choses en main et a asséché le quartier. On y a construit des maisons de style français Second Empire. L'idée est d'ailleurs de faire en sorte que Back Bay ressemble à Paris. A voir : Newbury Street, connue pour son cachet et peuplée de restos et de magasins.

- **Fenway.** Ce quartier abrite la majorité des administrations de la ville. Néanmoins, on y trouve de nombreux points d'intérêt, tels que le Fenway Park, stade qui accueille les Boston Red Sox, mais aussi des musées tels que le Museum of Fine Arts et Isabella Stewart Gardner Museum.

- **South End.** Ce vaste quartier est un témoignage de l'histoire du pays. Ses maisons en brique bordeaux (*brownstones*) sont parmi les plus anciennes des Etats-Unis. Loin du Boston touristique et bruyant, South End est un quartier résidentiel, dans le prolongement des très huppés quartiers de Back Bay et de Beacon Hill. Au XIXe siècle, la bourgeoisie de Boston y a élu domicile, avant d'aller s'installer dans le quartier de Back Bay. Le South End est alors déserté et de nombreux immigrés (au début, des Afro-Américains et des Caribéens) s'y installent et travaillent à la construction des bâtiments de la ville. Dans les années 1970, les ouvriers délaissent le quartier, devenu mal famé. Depuis les années 1990 toutefois, le South End renaît. Il devient branché, avec ses excellents restaurants et ses bars à la mode. Les yuppies s'y installent, la communauté gay également, et les loyers grimpent.

MUSEUM OF FINE ARTS (MFA) ★★★

465 Huntington Avenue, Fenway
✆ +1 617 267 9300 – www.mfa.org
webticketing@mfa.org

© JAY YUAN - SHUTTERSTOCK.COM

Mueum of Fine Arts (MFA).

T Green Line, arrêt Museum of Fine Arts.
Considéré comme l'un des plus beaux musées d'art des États-Unis, le Museum of Fine Arts fait aussi partie des plus vastes. Ses collections comprennent aujourd'hui près de 450 000 objets d'art, que se pressent d'admirer plus d'un million de visiteurs chaque année. Parmi les œuvres les plus notables exposées dans le musée, ne manquez pas la série de portraits des filles du peintre John Singer Sargent, la Sidney and Esther Rabb Gallery qui présente des œuvres impressionnistes et post-impressionnistes dont dix tableaux de Monet, le portrait de Paul Revere réalisé par John Singleton Copley en 1768, les antiquités et sarcophages égyptiens, qui sont dans un état de conservation impressionnant et, pour finir, la collection d'objets d'art japonais qui, en dehors du Japon, est la plus importante au monde.

ISABELLA STEWART GARDNER MUSEUM ★★★
280 The Fenway
Fenway
✆ +1 617 566 1401
www.gardnermuseum.org
Information@isgm.org
T Green Line, arrêt Museum.
Ouvert en 1903, ce musée, perle rare, est devenu l'un des musées les plus fréquentés de Boston. Il abrite, sur 3 étages, la collection d'art d'Isabella Stewart Gardner (1840-1924), qui a fait construire ce palais vénitien en 1903 et y a vécu toute sa vie. De son vivant, le lieu s'appelait Fenway Court. Isabella Steward a parcouru le monde pour acheter des œuvres de Raphaël, du Titien (*Europe*), de Matisse (*Terrasse à Saint-Tropez*) et de Manet (*Madame Auguste Manet*)... Si le musée laisse la part belle à l'art européen, avec des milliers d'objets de la Rome antique, de la Renaissance italienne et des peintures françaises du XIXe siècle, il donne également à voir de très belles œuvres d'art américaines et asiatiques.

Waterfront et Seaport District ★

Jusqu'à la fin des années 1870, Boston vivait des activités maritimes (construction de bateaux et commerce du poisson). Aux XVIIe et XVIIIe siècles, la ville s'est enrichie grâce à son port et ses relations commerciales avec l'Angleterre et les Antilles. La zone du Waterfront comprend les rives du Boston Inner Harbour.

Au nord de la ville, du côté de Charlestown, on découvre notamment Pier 6, le port de pêche toujours en activité aujourd'hui. Construit en 1914, c'est le plus vieux port en activité du pays. Ne ratez pas les bassins remplis de homards à acheter chez les fournisseurs (ils sont vendus vivants dans des boîtes en carton), pas loin de l'eau.

En continuant vers le sud, on découvre le Christopher Columbus Park, ainsi que l'aquarium de Nouvelle Angleterre. Le quai de Long Wharf réunit les compagnies qui vous emmènent en bateau dans la baie et vers les îles de Boston Harbour.

Enfin, au sud, Seaport District se renouvelle également grâce à la présence du Palais des Congrès (Convention Center), du Boston Children's Museum et du ICA, centre d'art contemporain.

BOSTON TEA PARTY SHIPS & MUSEUM ★★★
Congress Street
Seaport District
✆ +1 866 466 4438
www.bostonteapartyship.com
MTBA South Station.
Ce musée revient sur la Boston Tea Party, événement marquant de l'histoire des États-Unis souvent considéré comme l'un des éléments déclencheurs de la Révolution américaine. Le 16 décembre 1773, les colons se rebellent contre la couronne britannique en déversant dans le port le chargement de thé de trois navires arrivés à Boston. Au cours de la visite guidée qui dure une heure, on monte à bord de la reconstitution d'un bateau des années 1770. La visite est menée par des guides enthousiastes en costumes d'époque, qui en rajoutent dans le théâtral et entraînent les visiteurs à jeter par dessus bord les fameux sacs de thé ! Une manière ludique et légère d'apprendre l'histoire du Boston Tea Party, des prémices de la révolte jusqu'aux batailles de Lexington et Concord qui marquent le début de la guerre. Ce musée est LE site incontournable Boston. Si vous ne deviez en visiter qu'un, ce serait celui-ci !

JOHN F. KENNEDY PRESIDENTIAL LIBRARY AND MUSEUM ★★
Columbia Point
Sur le campus de UMass
✆ +1 866 535 1960
www.jfklibrary.org
kennedy.museum@nara.gov
T Red Line, arrêt JFK-UMass, puis bus n° 2 (gratuit, toutes les 20 minutes) jusqu'au musée.
Depuis les premiers jours de campagne de JFK jusqu'à son accession à la Maison Blanche en 1960 et son assassinat en 1963, voici toute l'histoire de l'un des personnages les plus marquants du XXe siècle. Une partie est consacrée à l'influence de Jackie Kennedy, une autre à celle de Bobby Kennedy. La saga de la famille Kennedy est d'ailleurs aussi évoquée. Depuis le hall où il est possible de se restaurer, une magnifique vue s'ouvre sur la mer.

GREATER BOSTON

La banlieue bostonienne est majoritairement résidentielle. On s'y rendra pour visiter quelques points d'intérêt historique, comme le lieu de naissance de JFK, et surtout le campus de Harvard à Cambridge. Les quatre villes présentées ici sont facilement accessibles en métro du centre de Boston.

BROOKLINE ★

Brookline, au sud-ouest de Boston, est une banlieue huppée. Elle est connue pour être le lieu de naissance du 35e président des États-Unis, John Fitzgerald Kennedy. Avec près de 60 000 habitants, la ville est essentiellement résidentielle. Vous pouvez néanmoins y faire un saut depuis Boston afin de visiter la maison natale de JFK.

CAMBRIDGE ★★★

Cette ville, située de l'autre côté de la Charles River, est connue pour la très célèbre université de Harvard (fondée en 1636) et le Massachusetts Institute of Technology (MIT), épicentre de la cyberculture. Le métro (ligne rouge) traverse la rivière Charles en empruntant le Longfellow Bridge, du nom d'un célèbre poète américain qui vécut à Cambridge. Cambridge est plus que jamais vivante, grouillante d'étudiants du monde entier. Il y a quantité de choses à y faire : découvrir les musées de Harvard, visiter le campus des universités, faire des pauses dans les sympathiques restos et bars, flâner, parler avec les étudiants, faire des emplettes dans les boutiques branchées…

■ HARVARD UNIVERSITY ★★★★

harvard.edu

T Red Line, arrêt Harvard.

Fondée en 1636, c'est la plus ancienne université du pays, la plus réputée aussi. Son accès fait l'objet d'une sérieuse compétition, avec des dizaines de milliers d'étudiants qui tentent leur chance chaque année. Le taux d'admission est inférieur à 6 %. De nombreuses personnalités politiques mais également des domaines des arts, de la technologie ou des sciences ont fréquenté Harvard. C'est elle qui a formé le plus grand nombre de présidents des Etats-Unis : John Adams, John Quincy Adams, Rutherford B. Hayes, Theodore Roosevelt, Franklin Delano Roosevelt, John F. Kennedy et Barack Obama. Bill Gates, Mark Zuckerberg ou encore Natalie Portman ont également fréquenté les bancs de Harvard. Pour ne rien rater d'Harvard et avoir accès à des lieux habituellement interdits au public, le mieux est de participer à une visite guidée gratuite du campus, animée par un étudiant. Rendez-vous au Harvard Information Center.

SOMERVILLE

Au nord-est de Cambridge s'étend cette banlieue bostonienne. Ses rues résidentielles sont agréables et la ville abrite le curieux Museum of Bad Art, plutôt unique en son genre. Somerville accueille depuis peu le premier *outlet* de Boston qui accueille une foule importante, en particulier le week-end.

Campus d'Harvard à Cambridge.

CÔTE NORD

MARBLEHEAD ★★

Petit port de pêche du XVIIe siècle, la ville connut son apogée au XVIIIe siècle. Touristes et locaux déambulent entre les belles demeures de capitaines de navire dans une ambiance très balnéaire. Tout le charme de la Nouvelle-Angleterre est ici bien présent, entre les maisons de bois peintes en vert, rouge ou bleu. L'été, les bateaux de la NOOD Regatta – une course en voilier – font étape à Marblehead.

Ce qui fait le charme de cette ville balnéaire, fondée en 1629, c'est aussi son isolement. Pour se rendre à Marblehead, on doit le décider ! On ne peut pas y faire escale en prenant la route vers d'autres villes plus touristiques. Contrairement aux villes de Salem ou Gloucester, Marblehead reste relativement bien protégée du flux de visiteurs.

SALEM ★★

La ville de Salem est un lieu mythique de la côte Est des Etats-Unis. Le procès des ses sorcières a rendu cette petite ville célèbre dans tous les Etats-Unis. En 1692, trois jeunes femmes accusent certains citoyens de la ville de les avoir ensorcelées. Le procès des sorcières de Salem a causé la mort d'une vingtaine de personnes et de nombreux emprisonnements. Loin de vouloir oublier cette triste page de l'histoire de l'Amérique puritaine, la ville de Salem en a fait sa principale attraction. Dans les petites rues de la ville portuaire, une dizaine de musées attirent chaque année des

Phare de Marblehead.

touristes de toute part des Etats-Unis. Le meilleur moment pour faire une halte à Salem est sans conteste la période d'Halloween. Reste qu'il faut s'y prendre au minimum une année à l'avance pour réserver son hôtel ! A cette période, les New-Yorkais et les Bostoniens viennent arpenter les rues de la ville, accoutrés de costumes terrifiants. La ville réalise alors 25 % de son chiffre d'affaires touristique annuel.

Toutefois, la petite ville au bord de l'océan se visite tout au long de l'année. Les nombreux musées vous donnent une idée des événements historiques qui s'y sont déroulés et l'atmosphère des rues bordées de vieilles bâtisses vous replongent dans l'Amérique coloniale.

Salem abrite également le Peabody Essex Museum, un musée d'Art de tout premier ordre. On y vient pour sa collection permanente, mais aussi pour ses expositions temporaires, toujours de grande qualité.

■ **PEABODY ESSEX MUSEUM** ★★★

161 Essex Street
✆ +1 978 745 9500
www.pem.org
research@pem.org

Ce musée était à l'origine une initiative de la « East India Marine Society », une association de marins, qui dès 1799, ont rassemblé leurs objets rapportés de voyages. Depuis, la petite collection est devenue un musée avec quatre départements : Asie, Afrique, Océanie et Inde. Les expositions permanentes présentes des collections provenant des cinq continents. Ne ratez pas les expositions temporaires, tournées vers l'art contemporain, ainsi que la maison chinoise authentique, Yin Yu Tang, au centre du musée, que l'on peut visiter lors de tours guidés.

GLOUCESTER ★

C'est l'un des plus vieux ports maritimes des États-Unis, et il n'a rien perdu de son charme d'antan. C'est en 1606 que Samuel de Champlain pose pour la première fois le pied dans la ville et le surnomme «le Beau Port». En 1623, les Anglais firent le trajet depuis Plymouth et fondèrent la ville de Gloucester. C'est par ce petit port bordés par les maisons des anciens capitaines de la ville, de style géorgien et néoclassique, que débute le découverte du Cape Ann. En effet, cette magnifique baie très prisée en été est un lieux privilégié des touristes pour ses vastes étendues de sable avec vue sur les ports et les falaises de granit. Une virée sur le Cape Ann vous fera également traverser les villes de Manchester-by-the-Sea, Essex et Rockport. Attention toutefois à arriver tôt dans la matinée pour profiter des célèbres plages de sable fin très prisées des bostoniens, comme Good Harbor Beach, les places de parking étant restreintes.

ROCKPORT ★★

Ce petit port de pêche est aujourd'hui très prisé par les artistes qui apprécient sa beauté pure. On y vient pour profiter de l'atmosphère balnéaire et des étendues de sable du Cape. Mais, on se surprend aussi à flâner dans Main Street entre les boutiques et les galeries d'art. Rockport est un joyau, bien plus beau que Gloucester – bien plus petit aussi.

CÔTE SUD

QUINCY

Vous comprendrez ici ce que signifie le nom Massachusetts. L'histoire raconte que la première tribu indienne qui habitait le site portait le nom de « Massachusetts », signifiant « à proximité de la colline ». Depuis Quincy, vous pourrez apercevoir cette formation de terre au sud de la ville. Aujourd'hui, Quincy est rattachée au grand Boston et on peut même s'y rendre en métro depuis le centre de Boston en empruntant la ligne rouge.

Si la ville est aujourd'hui majoritairement résidentielle, il existe quelques points d'intérêt et notamment la visite du lieu de naissance du sixième président des Etats-Unis, John Quincy Adams (1767-1848).

PLYMOUTH ★★

Les touristes américains se pressent à Plymouth pour découvrir l'histoire de leur pays. C'est ici, sur la côte sud du Massachusetts que débarquèrent en 1620 les Pères pèlerins à bord du *Mayflower* et au départ de l'Angleterre. Protestants persécutés dans leur pays et étrangers à la recherche d'un nouvel eldorado composaient l'équipage de ce navire. Les enfants raffolent de la visite de la « Plimoth plantation », un site où est recréée la vie quotidienne des premiers colons de la côte Est.

PLIMOTH PLANTATION ★★★

137 Warren Avenue

✆ +1 508 746 1622

www.plimoth.org – info@plimoth.org

Plimoth Plantation est un complexe muséal qui raconte l'histoire de la première colonie de Plymouth. Le site est considéré comme le berceau des Etats-Unis car, après la colonie de Jamestown en Virginie, c'est ici que les Pères pèlerins (*Pilgrim Fathers*) venus d'Angleterre se sont installés durablement pour la première fois. De nombreux événements fondateurs pour l'histoire du pays s'y sont déroulés. Le *Mayflower Compact*, pacte établi par les Pères pèlerins à bord du *Mayflower*, constitue les débuts de la démocratie américaine. Les 102 pèlerins débarqués du *Mayflower* ont établi la colonie de Plymouth en décembre 1620.

NEW BEDFORD ★

La ville de New Bedford est l'un des plus anciens ports de pêche de la Côte Est, longtemps célèbre pour ses activités de pêche à la baleine. On y vient pour y visiter notamment un vaste musée dédiée aux mammifères marins.

Les aventures du roman Moby Dick commencent dans ce port.

CAPE COD

Cette péninsule, qui ressemble à une sorte d'avant-bras replié s'étendant dans l'océan sur 70 miles, a été formée par l'activité des glaciers il y a plus de 12 000 ans. Le Cape Cod National Seashore s'étend aujourd'hui sur 17 ha. C'est la destination balnéaire favorite de nombreux Bostoniens et d'habitants aisés de la côte Est des Etats-Unis. Petits villages de pêcheurs, longues et belles plages, balades à vélo ou randonnées et bien sûr les fruits de mer constituent les ingrédients de ce cocktail réussi. L'endroit parfait pour fuir la ville et se relaxer en profitant d'un environnement naturel magnifique. L'été, les plages peuvent être bondées et les embouteillages sont interminables. Mais le reste de l'année, c'est bien plus calme et Cape Cod s'offre à vous seul.

MARTHA'S VINEYARD

L'île, la plus grande de Nouvelle-Angleterre (32 km de long et entre 3 et 16 km de large), se trouve à environ 6 miles de Cape Cod. 15 000 personnes y vivent toute l'année. C'est la principale destination estivale de nombreux visiteurs de la côte Est des US. Pas mal de stars s'y sont fait construire une grande villa (Spike Lee, Bill Clinton, le journaliste Walter Cronkite), au bord de leur plage privée. L'été, l'île accueille jusqu'à 100 000 personnes ! De nombreux mariages y sont également célébrés chaque année. Selon la légende, Bartholomew Gosnold, le capitaine qui a découvert l'île en 1602, lui a donné le nom de l'une de ses filles, Martha. « Vineyard » se réfère aux vignes sauvages également découvertes par le capitaine. Une fois sur l'île, il est agréable de se déplacer à vélo en découvrant les jolis villages environnants : Edgartown (élégant et historique, surnommé « la grande dame de Martha's Vineyard », lieu de résidence des capitaines au XIXe siècle) ; Oak Bluffs (camps religieux d'été au XIXe) ; et Vineyard Haven (Tisbury, où les Anglais se sont installés au milieu du XVIIe siècle). Le patrimoine de l'île a été conservé jusqu'à nos jours, pour le plus grand plaisir des visiteurs.

Menemsha Marthas.

NANTUCKET ISLAND

Les Indiens de la tribu Wampanoag l'avait surnommée « l'île lointaine » (*far away island)*. En 1659, les premières familles de quakers sont venues s'y installer, à la suite de conflits d'ordre religieux avec la Massachusetts Bay Colony. Au milieu du XVIIIe siècle, ils exerçaient une influence culturelle certaine sur l'île : en témoignent les anciennes maisons en bardeaux de cèdre que l'on y découvre, notamment dans Main Street. Au XIXe siècle, les marins qui s'embarquaient pour des expéditions parfois périlleuses pour pêcher la baleine y construisirent des maisons de styles géorgien, fédéral et Greek Revival. C'est la tragique histoire d'un de ces navires, le Essex, percuté par une baleine en Amérique du Sud, qui a inspiré à Herman Melville son fameux roman *Moby Dick*. A cette époque, Nantucket était le port de commerce de la baleine le plus prospère au monde. En effet, tout était bon dans la baleine. Outre sa chair, les hommes vendaient son huile (lampes et bougies), ses os (pour les corsets des femmes, pour les baguettes des parapluies…), etc. Les gens riches venaient à Nantucket passer l'été dans leur résidence secondaire. Quand, après la Seconde Guerre mondiale, une vague de touristes de la classe moyenne déferla sur l'île, les locaux décidèrent de la préserver au maximum, notamment en ne délivrant pas trop facilement des permis de construire. L'île est principalement peuplée et fréquentée par des WASP (White Anglo-Saxon Protestant). Cependant, de plus en plus de Jamaïcains et d'Européens de l'Est viennent y travailler et résider en été. Tout est cher sur ce petit coin de paradis (hôtels et restaurants). Il n'empêche que l'île attire toujours beaucoup de vacanciers estivaux, qui viennent profiter de son atmosphère intemporelle et de ses 50 miles de plages ! Ces plages de sable fin, sauvages et parsemées de dunes, sont idéales pour des promenades interminables. Au cours de vos balades, vous découvrirez les jolies maisons en bardeaux de cèdre à la teinte presque argentée. Nous conseillons vivement ce petit coin de paradis préservé (24 km de long, 5 à 10 km de large) aux sportifs (marches, jogging, vélo) et aux amoureux de la nature. Profitez-en pour visiter le Whaling Museum, la Jethro Coffin House (boîte à sel, ou maison de pêcheurs) et admirez la rue commerçante principale, Main Street et les maisons en bardeaux de cèdre d'une teinte presque argentée.

THE BERKSHIRES

Les Berkshires sont connues dans toute l'Amérique comme le lieu idéal où venir se reposer. Cette vaste chaîne de montagnes et de plateaux traverse l'Etat du Massachusetts et celui du Connecticut. Cette partie du massif des Appalaches a un point culminant autour de 1 000 mètres d'altitude. Sa situation géographique attire chaque année les citadins new-yorkais et bostoniens en mal de verdure. On vient s'y adonner à la randonnée ou au ski, ou simplement se prélasser dans un Spa, version luxe. C'est aussi le lieu où se rencontrent les passionnés d'art et de culture.

NEW HAMPSHIRE

Cet Etat de Nouvelle-Angleterre célèbre la nature à son apogée. Montagnes, forêts et lacs sont les vraies vedettes du New Hampshire. Amateurs de sports de plein air, randonnée, kayak ou escalade, bienvenue au paradis ! Les White Mountains sont indiscutablement le joyau de la région et les voyageurs devraient s'y aventurer l'automne venu car au risque de se répéter, la Nouvelle-Angleterre à cette saison mérite tous les superlatifs.
Les 1,2 million d'habitants du New Hampshire sont connus pour leur esprit d'indépendance, comme l'illustre la devise de l'Etat inscrite sur les plaques d'immatriculation des voitures, « Live free or die ». Cette population fière de ses origines n'en est pas moins très accueillante comme le voyageur en fait l'expérience tout au long de son séjour. La voiture est le moyen idéal pour découvrir la région de manière indépendante et au gré de ses envies, car il est très difficile de relier les différents sites d'intérêt autrement.
Première colonie américaine à déclarer son indépendance en 1776, l'Etat se développe autour de l'industrie textile avant de diversifier son économie dans les années 1980. Il est en 1944 le théâtre historique de la conférence de Bretton Woods qui marque le début de la reconstruction économique européenne. Les habitants du New Hampshire apprécient d'être les premiers à voter lors des primaires, tous les feux sont alors braqués sur l'Etat pour le baptême du feu des candidats à la candidature.

SUD-EST

PORTSMOUTH ★★

Portsmouth est une belle surprise. Unique ville côtière du New Hampshire, elle s'est développée autour des chantiers navals, les plus anciens des Etats-Unis, spécialisés dans la fabrication de sous-marins. Les maisons cossues sur la côte témoignent de la bonne santé de la ville, tandis que les demeures historiques du centre racontent son riche passé. Le petit centre-ville et ses bâtiments en briques sont en effet une agréable succession de commerces de proximité et de restaurants à la décoration moderne. Les entrepôts qui font face au port ont été reconvertis avec succès en bars et restaurants. Portsmouth est également un port d'embarquement pour une croisière instructive sur la rivière Piscataqua. C'est une bonne base pour organiser une découverte du New Hampshire et passer du bon temps, le soir dans les bars.

REPÉREZ LES MEILLEURES VISITES

★ INTÉRESSANT ★★ REMARQUABLE ★★★ IMMANQUABLE ★★★★ INOUBLIABLE

EXETER ★

A quelques kilomètres du bord de mer et des Hamptons, Exeter est une ville qui semble plus proche de l'esprit du Massachusetts que de celui du New Hampshire. Petite bourgade résidentielle, c'est l'université Philips Exeter Academy (1783) qui attire une population jeune, avec près d'un million d'étudiants. Exeter, c'est un lieu chargé d'histoire : la première Déclaration d'indépendance face à la Grande-Bretagne y fut rédigée et imprimée en 1776.

HAMPTON BEACH ★

Hampton Beach attire chaque année des milliers d'estivants, qui viennent profiter des concerts et des feux d'artifice, proposés gratuitement chaque semaine durant tout l'été. La côte est aménagée pour accueillir les vacanciers : restaurants, douches et jeux pour enfants sont disséminés dans toute la zone.

MANCHESTER ★

Avec plus de 110 000 habitants, Manchester est la ville est la plus peuplée du New Hampshire. C'est une ancienne cité industrielle qui, au XIXe siècle, abritait de nombreuses usines de textile. Il y a peu de raisons de s'attarder dans cette ville, si ce n'est pour la visite du Currier Museum of Art qui abrite une large collection de peintures et la Zimmerman House, maison dessinée par Frank Lloyd Wright.
L'autre raison de passer par ici serait d'arriver en avion par l'aéroport de Manchester, mais vous vous éloignerez vite vers Portsmouth ou les White Mountains !

LAKES REGION

WOLFEBORO ★★

Fondée en 1770, la plus ancienne station balnéaire des Etats-Unis est aussi l'une des plus prestigieuses. Wolfeboro abritait au XIXe siècle des fabriques de chaussures ; le village posé au bord du lac Winnipesaukee draine aujourd'hui une élégante clientèle d'estivants.
On se promène dans sa rue principale en papillonnant de galeries en boutiques de décoration avant une intéressante visite au New Hampshire Boat Museum. Très prisée par les citadins huppés, les hébergements dans la station sont assez onéreux, surtout en pleine saison.

ALTON

Petite localité de quelque 5 000 habitants, Alton se densifie l'été venu. Les visiteurs viennent arpenter les rues commerçantes et profiter de la plage au sud du lac pour se baigner. Le village d'Alton Bay, incorporé à la ville d'Alton, est notamment le cœur de cette animation estivale, avec ses adorables maisonnettes de bois en bord de lac.

GILFORD

Cette petite station estivale est souvent le lieu de chute des amoureux de la nature. Parmi les incontournables de la station : la visite de l'Ellacoya State Park et celle de la base de plein air de Gunstock.

New Hampshire
Frontière d'Etat
Voie rapide-Highway
Route principale
Ville importante
Principale localité
Autre localité
Parc et réserve
Altitude (en mètres)
1500
1000
500
250
NEW HAMPSHIRE
0
30 km
CANADA (Québec)
MAINE
VERMONT
Pittsburgh
Colebrook
Errel
North Stratford
Groveton
Lancaster
Berlin
Gorham
Moore Réservoir
Whitefield
Israel
Littletown
Bethlehem
Twin Moutain
Lisbon
Woodsville
WHITE MOUNTAINS
Glen
Lincoln
North Conway
Conway
Pemigewasset
Le Mont Washington
Warren
Wentworth
Plymouth
Squam Lake
Mouftonborcugh
Center Ossipee
Connecticut
Hanover
Ashland
Meredith
Lac Winnipesaukee
Lebanon
Enfield
Bristol
New Hampton
Wolfeboro
Sanbornville
Plainfield
Grafton
Danbury
Laconia
Union
Grantham
Franklin
Belmont
Alton
Sun Cook
Georges Mills
Andover
Northfield
Somersworth
Claremont
Sugar
Newport
North Sutton
Canterbury Shaka Village
Famington
Goshen
Boscawerf
Pittsfield
Rochester
Rollinsford
Charlestown
Contookook
CONCORD
Dover
Henniker
Northwood
Bellows Falls
Hillsboro
Suncook
Durham
Weare
Hooksett
Walpole
Golfstown
Portsmouth
Gilsum
Antrim
South Hooksett
Epping
Bennington
Pinardville
MANCHESTER
Exceter
Rye Beach
Keene
Exeter
Kingston
Marlborough
Hampton
West Swarizey
Peterborough
East Merrimack
Troy
Milton
Milford
Londonderry
Plaistow
Hinsdale
Winchester
Jaffrey
Souhegan
Salem
Nashua
Merrimack
Hudson
Greenville

Couleurs automnales sur les rives du lac Winnipesaukee à Meredith.

LACONIA ★★

Avec près de 17 000 habitants, Laconia est l'une des stations les plus peuplées du lac Winnipesaukee, située sur sa rive gauche, presque en face de Wolfeboro.
Depuis des décennies, la ville accueille chaque été les vacanciers huppés. Non loin de Laconia, Weirs Beach est l'une des plages les plus célèbres et des plus fréquentées de la région.

MEREDITH

La longiligne ville de Meredith, rassemble à peine 6 500 habitants. L'été les vacanciers se pressent sur Main Street, principale artère de la bourgade. Sa vue directe sur le lac en fait un lieu de repos très apprecié. C'est aussi l'une des stations du Winnepesaukee Scenic Railroad, un petit train qui fait le tour du lac. Les inconditionnels du shopping pourront aussi visiter les boutiques détaxées.

WHITE MOUNTAINS

NORTH WOODSTOCK ★★

North Woodstock est souvent choisi comme point de chute pour les visiteurs des White Mountains.
Malgré sa fréquentation touristique et la présence de nombreux hôtels, le site a su garder un esprit de village accueillant.

LINCOLN

Au cœur des White Moutains, la petite localité de Lincoln est souvent le point de départ des activités de ski et des randonnées en été. Vous y trouverez de nombreuses offres d'hébergement, depuis le motel accessible au luxueux complexe comprenant Spa et Jacuzzi.

KANCAMAGUS HIGHWAY ★★★
Visitor Center à l'extrémité ouest de la route à Lincoln
✆ +1 603 630 5190
www.kancamagushighway.com
kanc@kancamagushighway.com
La New Hampshire Route 112, surnommée Kancamagus Highway, est une route remarquable qui serpente au beau milieu d'une forêt. Elle relie la rivière Pemigewasset à Lincoln à la Saco River à Conway en passant par le col Kancamagus (920 m). Les montagnes ici perpétuent les noms des Indiens ayant marqué l'histoire du New Hampshire.

FRANCONIA ★

Petite ville de quelques 1 000 habitants, Franconia est le point de départ idéal pour parcourir les White Mountains et découvrir les nombreux chemins de randonnées. On peut aussi découvrir, juste à côté, la minuscule localité de Sugar Hill. Les adeptes des petits déjeuners à l'américaine pourront s'offrir une halte gourmande au Poly Pancake Parlor. Les plus sportifs opteront pour un parcours de golf au cœur des forêts d'érables. L'hiver, les stations de ski aux alentours offrent de vastes étendues skiables, presque désertes.

BRETTON WOODS ★

En juillet 1944, le Mount Washington Hotel abritait la signature des accords de Bretton Woods entre 44 pays membres de l'Organisation des Nations unies. Il s'agissait alors de définir un système monétaire et financier international pérenne, au sortir de la Seconde Guerre mondiale. Aujourd'hui, la petite ville se tient bien à l'écart des tumultes de la finance internationale. C'est d'ici qu'on commence l'ascension du Mount Washington ou la visite du Crawford State Park.

MOUNT WASHINGTON STATE PARK ★

Plus haut sommet de la côte Nord-Est des Etats-Unis (1 917 m), il fait partie de la chaîne des « Présidentiels », chaîne de montagnes portant les noms de Présidents américains. Son ascension est réputée très difficile en raison de conditions météo peu clémentes toute l'année et notamment de vents violents. Seuls les marcheurs aguerris devraient s'y risquer. Les très beaux panoramas le long du chemin sont la récompense du randonneur, plus que ne l'est le sommet lui-même, colonisé hélas par un parking ! Et oui, les moins courageux ont l'opportunité de gagner le sommet par la route de mai à octobre... Mais le chemin de fer à crémaillère reste le moyen le plus pittoresque d'atteindre le fameux sommet.

Mount Washington Summit.

VISITE

MAINE

Cet Etat frontalier du Canada est un paradis pour les amoureux de nature. La côte ciselée du Maine a longtemps attiré peintres amateurs et artistes reconnus. La luminosité est magnifique, les phares sont des modèles disciplinés. Cette côte est très populaire l'été venu, les touristes venant profiter du très photogénique bord de mer et des multiples activités de plein air. L'intérieur de l'Etat reste quant à lui très largement inexploité, séduisant les visiteurs aventureux, avides de grands espaces presque vierges.

PORTLAND ★★★

Plus grande ville du Maine, Portland dégage une atmosphère agréable mêlant belles demeures victoriennes sur ses hauteurs et docks réaménagés en front de mer. Avec près de 250 000 habitants dans son agglomération, c'est une ville dynamique qui concentre attractions culturelles, restaurants et boutiques sympas. La ville accueille également une faculté d'arts réputée dont les étudiants participent à faire de Portland une ville branchée, non figée dans le temps. Chaque année des milliers de touristes se pressent sur le vieux port, l'un des plus anciens du pays pour déguster du homard ou sortir en mer dans l'espoir d'apercevoir des baleines. On verra, en se promenant dans le centre historique, que l'incendie de 1866 a profondément marqué l'architecture et l'histoire de la ville.

Portland jouit également d'une réputation de cité gastronomique à travers tout le pays, et nombreux sont les articles de presse qui vantent ses restaurants.

CAPE ELIZABETH ★★

Chaque année, à la haute saison, la population de Cape Elizabeth double. La plupart des riches habitants du West End, à Portland, viennent ici en villégiature. Les voyageurs et les curieux se pressent sur cette vaste avancée de terre sur la mer pour se prélasser sur la plage principale Crescent Beach Street ou arpenter Two Lights State Park à la découverte des phares de la côte.

OLD ORCHARD BEACH ★★

Old Orchard Beach est une des plus longues plages de la côte Est. Avec ses 10 km de sable, elle attire les vacanciers américains mais aussi de nombreux québecois, comme en témoignent les enseignes en français. L'été, le site est souvent surpeuplé, la population passe alors de 9 000 à 100 000 habitants ! De nombreuses activités sont proposées aux enfants et l'ambiance y est décontractée. En pleine saison, les agoraphobes opteront pour la plage de York Beach à quelques kilomètres de là, souvent moins bondée.

BOOTHBAY HARBOR ★★

L'activité de ce petit village est essentiellement tournée vers la mer. Les bateaux de pêche et les voiliers sont bien plus nombreux dans le port que ne le sont les voitures, pas vraiment adaptées à ses routes étroites.

Maine
MAINE
CANADA (New Brunswick)
NADA
uébec)
OCEAN ATLANTIQUE
Saint David
Frenchville
Saint Francis
Dickey
Soldier Pond
Long Lake
Winterville
Caribou
Fort Fairfield
Portage
Presque Isle
Ashland
Mars Hill
Bridgewater
Oxbow
Littleton
Houlton
Linneus
Clayton Lake
Eagle Lake
Chamberlain Lake
St. John
Allagash
Chesuncook
Chesuncook Lake
Baxter State Park
Patten
Sherman Station
Haynesville
Orient
Grand Lake
Pittston Farm
North East Carry
Moosehead Lake
Permadumcook Lake
Rockwood
Kokadjo
Danforth
Jackman
East Millinocket
West Seboeis
Brookton
Vanceboro
Lowelltown
Lake Parlin
Maitawamkeag
Greenville
Lincoln
Springfield
Topsfield
St. Croix
Flagstaff Lake
Brownville
Monson
Eustis
Caratunk
Howland
Dover-Foxcroft
Calais
Otamon
Big Lake
Alexander
Carrabassett
Bingham
Dexter
Hudson
Perry
quossoc
Kingfield
Corinna
Old Town
Wesley
Penobscot
chardson Lakes
New Vineyard
Machias
Whiting
Phillips
Etna
Amherst
Byron
Skowhegan
Pittsfield
Dixmont
Bangor
Graham Lake
Green Lake
Franklin
Harrington
Cutler
Farmington
Clinton
Waterville
Bucksport
Ellsworth
Jonesport
Dixfield
Liberty
Blue Hill
Bar Harbor
Livermore Falls
Belfast
Mt. Desert Island
Parc national d'Acadia
Bryant Pond
Hallowell
AUGUSTA
Kennebec
Penobscot Bay
Greene
Gardiner
Camden
Auburn
Lewiston
Rockland
gton
Lisbon Falls
Waldoboro
Isle Au Haut
Sebago Lake
Casco
Brunswick
Frye Island
Bath
Boothbay Harbor
Matinicus Islands
Yarmouth
Westbrook
PORTLAND
South Portland
Casco Bay
Cape Elizabeth
Saco
Alfred
Biddeford
Old Orchard Beach
nford
Kennebunkport
Cape Neddick
0
60 km
N
Frontière d'Etat
Voie rapide-Highway
Route principale
Ville importante
Principale localité
Autre localité
Parc et réserve
Altitude (en mètres)
1000
500
250

Bass Harbor Lighthouse.

Le panorama depuis celui-ci est magnifique et plus encore si l'on grimpe sur la petite colline qui le surplombe. Les routes de la région sont bordées de pins et offrent parfois une fenêtre sur la mer. Elles relient Boothbay Harbor à de petits villages voisins à la ressemblance étonnante. L'activité reine est ici la promenade en mer, en bateau à moteur, en voilier ou en kayak. La côte ciselée a été bien préservée et les promoteurs n'ont heureusement pas pu attenter à la beauté sauvage du bord de mer où seuls les phares attestent de la présence de l'homme.

BAR HARBOR ★★

Bar Harbor et le parc national d'Acadia sont situés sur Mount Desert Island d'où s'élèvent vingt-six montagnes qui forment quatre grands lacs. Son sommet, le mont Cadillac, culmine à 500 m et est accessible en voiture. Au sommet vous attend une vue panoramique sur l'océan. Ouvert toute l'année, ce parc préserve 40 000 ha de merveilles naturelles, entre montagnes couvertes de forêts et côte de granit rose léchée par l'océan bleu acier. Randonneurs, cyclistes et amateurs de ski de fond empruntent les 45 miles de sentiers qui sillonnent le parc. Cette nature insolente est un terrain de jeu exceptionnel pour les sports de plein air pendant que la beauté crue des paysages invite à la contemplation.

ACADIA NATIONAL PARK ★★★

L'un des parcs nationaux les plus anciens (1929) et les plus visités des Etats-Unis, et pour cause ! Le site présente en un lieu concentré de majestueuses diversités géographiques. Principalement situé sur l'île des monts du Désert, dans l'Atlantique, et sur des îles voisines, il abrite un espace vallonné où se mêlent forêts, lacs et montagnes. Le site est très bien préservé et contentera tous les amoureux de la nature. Il est possible d'arpenter le parc en voiture ou à pied. Au large de la côte Atlantique, à 47 miles au sud-est de Bangor et à 164 miles au nord de Portland, l'Acadia National Park est l'un des plus beaux lieux naturels et enchanteurs du continent nord-américain. Ses quelque 19 000 hectares insulaires et océaniques ont été aménagés pour préserver la beauté d'une portion de la spectaculaire côte rocheuse qui borde l'Etat du Maine, avec ses montagnes littorales, ses îles et ses lacs.

En été, les animateurs du parc organisent des veillées autour d'un feu de camp et de longues randonnées sur les quelque 240 km de pistes qui sillonnent montagnes et vallées. Les amateurs d'exploration peuvent louer bicyclettes, chevaux ou carrioles et partir pour d'agréables promenades le long des sentiers gravillonnés, surplombant, sur 66 km, de minuscules ports où s'abrite une flottille de homardiers.

Parmi les principaux points d'intérêt du parc, le renommé mont Cadillac, haut de 466 m, est la plus haute montagne de toute la côte Est des États-Unis. De son sommet, auquel on accède par une route sinueuse de 2,1 miles de long, autrefois parcourue par un chemin de fer à crémaillère, la vue panoramique à 360° est époustouflante sur dix-sept sommets montagneux, la côte rocheuse déchiquetée et les îles environnantes. Destination touristique, l'Acadie est aussi connue pour être l'une des premières régions des États-Unis à voir se lever le soleil !

VERMONT

Ce petit Etat singulier de Nouvelle-Angleterre, coincé entre les Etats de New York à l'Ouest et du New Hampshire à l'Est, compte moins de 650 000 habitants. Son nom est originaire de l'expression française « verts monts » qui, à l'époque des colons d'Europe, qualifiait la chaîne des Green Mountains qui donne son relief à la région.

Traverser le Vermont est un voyage dans un passé rural, sans grandes villes et avec l'impression d'une harmonie réussie entre activité humaine et environnement. 75 % de la surface de l'Etat est couverte par la forêt. Et c'est d'ailleurs à l'automne lorsque ces forêts se parent de couleurs incandescentes que les visiteurs se pressent pour profiter de paysages enchanteurs. Mais le Vermont mérite une visite en toute saison, en été pour les baignades rafraîchissantes dans les lacs encaissés entre deux collines ou en hiver pour profiter de stations de ski pittoresques. On profite des paysages, on pratique son activité de plein air favorite – les possibilités sont nombreuses – et on goûte une gastronomie qui s'appuie sur des produits locaux de qualité.

LE SUD

BRATTLEBORO ★★

Brattleboro cultive un air de San Francisco, avec ses maisons colorées et sa population d'artistes, de créateurs et de peintres. De nombreuses galeries d'art et d'artisanat se mêlent au brouhaha des passants sur Main Street, l'artère principale de la ville.

Brattleboro.

WILMINGTON ★

Une jolie escale sur la route du Molly Stark Trail. La rue principale est peuplée de galeries et de boutiques, abritées dans de jolies demeures des XVIIIe et XIXe siècles.

MOLLY STARK STATE PARK ★★★

705 Route 9 E ✆ +1 802 464 5460

www.vtstateparks.com/mollystark.html

parks@vermont.gov

Depuis Wilmington, prendre la route E en direction de Brattleboro.

Vermont
GREEN MOUNTAINS
MONTPELIER
NEW HAMPSHIRE
Alburg
Swanton
Richford
North Troy
Derby Line
Derby Center
Norton
Beecher Falls
Newport
Enosburg Falls
Sheldon
North Hero
Saint Albans
Lowell
Orleans
Island Pond
Grand Isle
Albany
Barton
Cambridge
Fairfax
Jeffersonville
Johnson
Craftsbury
West Burke
East Burke
Milton
Hyde Park
Morrisville
Wolcott
Greenboro
Guildalf
Essex Junction
Winooski
Jericho
Hardwick
Lydonsville
South Burlington
Stowe
Concord
Richmond
Cabot
Danville
Saint Johnsbury
Marshfield
Waterbury
Barnet
Plainfield
Barre
South Barre
Wells River
Vergennes
Northfield
Bristol
West Topsham
Newbury
Middlebury
East Middlebury
Chelsea
Bradford
Hancock
East Randolph
Randolph
Fairlee
Shoreham
Bethel
Brandon
Proctor
Wildes
Quechee
Castleton
Rutland
Woodstock
Whire River Junction
West Rutland
Hartland
Boultney
Wallingford
Windsor
Ludlow
Ascutney
West Pawlet
Perkinsville
Springfield
Dorset
Chester
Manchester Center
Manchester
Crafton
North Westminster
Jamaica
Westminster
Arlington
Shaftbury
Newfane
Putney
West Dover
Wilmington
Bennington
Brattleboro
West Brattleboro
Jacksonville
Stamford
Readsboro
Pownal
Lamoille
Winooski
Black
Connecticut
Otter Creek
0
25 km
VERMONT
Frontière d'Etat
Voie rapide-Highway
Route principale
Ville importante
Principale localité
Autre localité
Altitude (en mètres)
1000
500
250

Si vous désirez partir en immersion dans les forêts du Vermont, voici l'endroit rêvé ! Vous pourrez même dormir sur place, car le State Park comprend une vingtaine de places pour les tentes et camping-cars. Si vous en avez le courage, vous pouvez faire la randonnée de 3 km qui vous mènera au mont Olga avec une vue imprenable sur la région et ses montagnes. Comptez un peu moins de deux heures de marche. En hiver, l'ascension se fait en raquettes ! Un plan des sentiers de randonnée existe en version téléchargeable et imprimable sur le site Internet.

BENNINGTON ★

Il règne une atmosphère d'indépendance et de liberté à Bennington. Dans le quartier historique d'Old Bennigton, le Bennington Battle Monument, un obélisque de 90 mètres de hauteur rappelle la bataille de 1777 durant laquelle les locaux tentèrent de repousser les troupes britanniques. Certains bâtiments témoignent du passé artisanal de la cité où les industries de textiles se mêlaient aux potiers et à l'extraction de fer.

LE CENTRE

WOODSTOCK ★★

Fondé en 1768, au bord de la rivière Ottauquechee, Woodstock est sans conteste une petite bourgade où il fait bon flâner. C'est à pied que vous pourrez découvrir le meilleur de Woodstock. Procurez-vous une carte de la ville au Visitor Center ou à la Woodstock Historical Society. Certaines demeures, classées au patrimoine historique, sont d'anciennes propriétés d'avocats et de médecins.

La ville a en effet bénéficié depuis sa création des devises de ses riches résidents dont les Rockefeller ; les bâtisses historiques ont donc été consciencieusement entretenues et des établissements d'hôtellerie très chics témoignent de la présence d'une clientèle très aisée. Ne cherchez pas de relation avec le festival de Woodstock qui s'est tenu à Bethel en 1969, à 60 km d'une autre ville nommée Woodstock, mais située dans l'Etat de New York.

QUECHEE

Dans la région, on l'appelle « Vermont's little Grand Canyon ». Si les gorges de Quechee sont bien plus petites que celles du Grand Canyon, elles valent tout de même le détour. A l'origine de cette formation naturelle : Ottauquechee River qui, au fil des saisons, a modelé la roche pour lui donner son impressionnante forme actuelle. Vous pourrez observer les gorges de Quechee depuis la route, sur le pont de la route 4, ou encore opter pour une descente pédestre des Mill Pond Falls. Au bout d'une petite demi-heure de marche, vous trouverez un espace de baignade, très agréable l'été venu.

BRANDON

Enregistrée depuis 1761, Brandon compte aujourd'hui 4 000 âmes. Cette jolie ville a su conserver son charme historique fait de bâtiments administratifs datant pour la plupart du XIXe siècle et d'un grand nombre d'églises. A croire qu'aucune congrégation religieuse n'a été oubliée. L'étendue de son centre historique témoigne d'une activité passée importante essentiellement centrée autour du fer et des moulins à eau permettant la production de farines et de bois (scieries). Cette ville située sur la Route 7 mérite sans conteste une visite. Les amateurs d'activités de plein air pourront profiter du grand nombre de sentiers de randonnée dans le Parc des Green Mountains avoisinant.

WARREN

Au nord du parc des Green Mountains, le village de Warren est connu pour sa station de ski.

WAITSFIELD ★

Waitsfield est souvent le point de départ pour découvrir la Mad River Valley. En été comme en hiver, les familles viennent y dîner ou dormir après une longue journée de ski ou de randonnée.

MONTPELIER ★★

Il fait bon vivre à Montpelier. La capitale du Vermont est la moins peuplée du pays avec à peine 7 500 résidents. Les habitants de la ville y sont fiers de leur ancrage à la nature et à la nourriture bio. Vous pouvez chercher, vous ne trouverez aucun restaurant McDonald's à Montpelier et ce n'est pas un hasard ! Loin des clichés de la mal-bouffe américaine, Montpelier est le temple du bien vivre et du respect de l'environnement.

WATERBURY

Situé sur la route de Stowe, à 13 miles au nord de Montpelier, Waterbury est une petite localité typique de la Nouvelle-Angleterre, avec quelques anciennes bâtisses comme l'école communale. Elle est aussi connue pour abriter l'usine Ben & Jerry's et quelques tables de qualité.

La ville de Montpelier.

STOWE ★★

Ce charmant village est au cœur des plus hautes montagnes du Vermont, encerclé par le Mount Mansfield et le Bruce Peak. Station de ski prisée en hiver, il est aussi très agréable d'y séjourner durant l'automne pour profiter de ces tons si caractéristiques de la Nouvelle-Angleterre à cette saison. Pas de grandes chaînes d'hôtel ou de centres commerciaux géants, mais une atmosphère chaleureuse que les habitants tiennent à préserver. Les activités en extérieur sont multiples, du ski au VTT en passant par la randonnée mais les « plaisirs confort » n'ont pas été oubliés avec plusieurs spas de grande qualité.

Stowe est une destination idéale pour profiter de la nature, faire du sport ou simplement venir se relaxer en famille, le tout dans un cadre naturel privilégié. Tous les ingrédients d'un cocktail réussi, on adore !

BURLINGTON ★★

Burlington, c'est la ville version Vermont, avec ses 42 000 habitants qui font d'elle la plus peuplée de l'État. Les rues et les bâtisses témoignent du passé industriel et huppé de la cité. On n'en oublie pas pour autant l'ancrage à la terre, si chère aux habitants du Vermont et la proximité du lac Champlain où les résidents aiment aller flâner et se détendre. La population y est jeune et métissée. Le soir venu, dans les bars et les restaurants, les étudiants aux allures déjantées côtoient les jeunes entrepreneurs, les sportifs adeptes de la montagne ou encore les cadres. Chaque année près de 10 000 étudiants viennent faire leurs classes au sein de la University of Vermont, l'une des plus anciennes de la Nouvelle-Angleterre et des plus prestigieuses aussi : sa création remonte à 1791 et est l'œuvre de l'un des frères du révolutionnaire Ethan Allen. Church Street, aménagée pour les piétons, reste le centre névralgique de la ville avec ses nombreux magasins, ses bars et ses restaurants.

NORTHEAST KINGDOM

EAST BURKE ★

Porte d'entrée dans le Northeast Kingdom, East Burke est un petit village avec un vaste centre de ski. Randonnées, promenades à vélo, motoneige ou encore ski de fond, sont autant d'activités que vous pourrez pratiquer depuis East Burke.

SAINT JOHNSBURY ★

La ville de Saint Johnsbury rassemble à peine 7 200 habitants. Ses activités d'exploitation de sirop d'érable l'ont longtemps rendue prospère. La ville reste marquée par la famille Fairbanks dont l'un des ancètres Thaddeus Fairbank inventa en 1830 la balance à plateaux.

Aujourd'hui encore, on aperçoit à Saint Johnsbury les empreintes de la famille, dont le cabinet de curiosité « Fairbank Museum and Planetarium », ou encore la majestueuse bibliothèque publique : St Johnsbury Athenaeum.

PENSE FUTÉ

Statue de la Liberté, Liberty Island, Manhattan.

PENSE FUTÉ

Argent

- **Monnaie :** dollar américain.
- **Taux de change :** 1 US$ = 0,99 € • 1 € = 1 US$.
- **Coût de la vie :** Ces dernières années, le billet vert avait moins de valeur que l'euro. Une bonne chose pour nous autres Européens lorsqu'on voyageait dans le pays de l'oncle Sam. Même si le coût de la vie à Philadelphie, par exemple, n'est pas le même qu'à New York City, on peut avoir des surprises au niveau du compte bancaire si l'on ne fait pas attention à ses dépenses. Néanmoins, depuis 2015, la baisse de l'euro entraîne une quasi parité avec le dollar, rendant moins avantageux les séjours à l'étranger.
- **Moyens de paiement :** tous les moyens de paiement sont utilisés.
- **Marchandage :** la pratique n'a pas cours.
- **Pourboires :** Dans ce pays de services que sont les Etats-Unis, le pourboire est une institution. Les tips mettent de l'huile dans les rouages sociaux et sont acceptés avec d'autant plus de dignité et d'intérêt qu'ils constituent 90 % du revenu du personnel. Si vous ne voulez pas affronter le regard horrifié des Américains ni être traité de pingre (*cheap*) – insulte suprême dans un pays où l'on aime flamber -, mettez-vous à l'heure du *tip*.

Bagages

Où que vous soyez sur la côte Est, même en plein été, si vous restez sur les rives, il peut faire un peu frisquet le soir quand le soleil se couche sur les plaines. Prévoyez un petit pull et surtout un coupe-vent de type K-way léger, le but étant de contrer le vent qui fait descendre la température. L'été, prévoyez des shorts et des vêtements légers. C'est en hiver qu'il faut être le plus prévoyant ; par des températures de – 15 °C, il vaut mieux avoir à sa disposition des habits très chauds, de préférence plusieurs couches que vous pourrez ajouter ou enlever, ainsi que des gants, bonnets et écharpes. N'oubliez pas les sticks à lèvres pour les sensibles. En toutes saisons, crème solaire, chapeau de soleil, lunettes de soleil. De bonnes chaussures de marche sont recommandées, si vous comptez marcher intensément en ville ou dans la campagne.

Électricité

Les Etats-Unis fonctionnent aux 110 volts et en fréquence de 60 Hz. Les prises de courant sont à deux fiches plates et les douilles des ampoules sont à vis (pas de baïonnettes). Que vous apportiez ou que vous achetiez sur place du matériel électrique, n'oubliez pas de vous munir d'adaptateurs (converters).

Formalités

Désormais, il vous faut un passeport biométrique (ou un passeport à lecture optique en cours de validité et émis avant le 26 octobre 2005) pour aller aux États-Unis. Ce passeport permet de bénéficier du programme d'exemption de visa pour les séjours de moins de

90 jours. La France fait toujours partie du programme Visa Waiver Pilot (VWP), qui autorise tous les ressortissants français à entrer sur le sol américain sans visa, et ce pour un séjour d'une durée maximale de 90 jours. Depuis janvier 2009, pour bénéficier de cette exemption de visa, il est nécessaire de faire une déclaration en ligne pour les séjours touristiques aux États-Unis. Pour cela, il vous faudra remplir le formulaire ESTA sur le site Internet et vous acquitter des frais administratifs, payants à hauteur de 21 US$.

Langues parlées

L'anglais est bien entendu la langue officielle. Les États-Unis étant cosmopolites, vous pourrez entendre parler espagnol, italien ou d'autres langues lors de votre séjour.

Faire / Ne pas faire

- **Ne pas faire la bise,** quel que soit votre genre, ça ne se fait pas. On se serre la main ou, en plus tendre, on se fait des hugs.
- **Laisser un pourboire !** Pour ne pas passer pour un irréductible radin et renforcer, s'il était nécessaire, la réputation de pingres dont les Français jouissent aux États-Unis.
- **Ne pas boire d'alcool dans la rue.** Les lois sont appliquées à la lettre, sans dérogation aucune et quelles que soient les circonstances. Même le célèbre emballage en papier Kraft utilisé pour dissimuler une bouteille d'alcool ne dupera pas les policiers.
- **Ne pas fumer n'importe où.** Aux États-Unis, l'interdiction de fumer ne se limite pas aux cafés et restaurants. Il n'est pas rare d'apercevoir la pancarte No Smoking dans les parcs ou devant certains bâtiments. Même sans interdiction explicite, fumer en terrasse, sur un banc ou dans tout autre lieu où d'autres personnes sont installées est mal vu et considéré comme malpoli.
- **Rester très calme en cas d'arrestation au volant.** Que vous soyez arrêté pour une raison ou une autre, l'innocence de vos intentions n'étant pas inscrite sur votre visage, ne vous précipitez jamais pour chercher vos papiers de voiture. Échaudés par le nombre de mésaventures avec des conducteurs qui, faisant mine de chercher assurance ou carte grise dans leur boîte à gants, en sortent en fait une arme, les policiers redoublent de méfiance. Pour éviter une « bavure », gardez vos mains bien à plat sur le volant ou le capot, indiquez clairement vos intentions et n'agissez que lorsque le feu vert vous est donné.
- **Ne pas resquiller dans le métro**. Ne vous avisez jamais de sauter par-dessus les tourniquets. Vous aurez tout le monde sur le dos et, de toute façon, vous vous ferez prendre. C'est moralement et culturellement inconcevable dans le monde anglo-saxon

Quand partir ?

Les meilleures saisons pour se rendre sur la côte Est sont le printemps, la fin de l'été et l'automne. L'été indien y est magnifique et les couleurs de l'automne, rouge, jaune et orange, sont flamboyantes. L'hiver est rude et l'été est chaud et humide surtout à Washington D.C. (environ 30,2 °C). Avril est un mois superbe à D.C., avec les cerisiers du Japon qui fleurissent le long du National Mall.

Santé

Il n'y a rien à signaler de particulier aux États-Unis.

Sécurité

Voyageur handicapé : dans ce domaine, les États-Unis sont en avance sur la France. Tout est prévu pour faciliter la vie des personnes en situation de handicap. Des rampes et accès spécifiques sont prévus dans la plupart des espaces publics. Aucune discrimination n'est tolérée à leur égard et l'on veille à ce qu'ils puissent avoir accès à toutes les attractions dans la mesure du possible. Un bel exemple dont on peut s'inspirer. La signalétique utilisée est identique à celle que l'on trouve en France, le visiteur en situation de handicap n'aura donc aucune difficulté à identifier les panneaux qui s'adressent à lui.

Voyageur gay ou lesbien : la côte Est des États-Unis est un endroit de prédilection pour les voyageurs gays. Le Massachussetts notamment est connu pour ses positions engagées concernant la communauté gay. Mais plus généralement toute la côte Est est prisée de la communauté gay puisque la tolérance et l'ouverture d'esprit y sont plus présentes que dans le reste du pays si l'on exclut la Californie et San Francisco.

Voyager avec des enfants : il est très facile de voyager en famille aux États-Unis, pays des enfants-rois. Il sera toujours fait un excellent accueil à une famille voyageant avec des enfants. Les gens offrent très facilement de l'aide pour porter une poussette, céder leur place dans les transports en commun, etc.

Femme seule : aucun problème particulier pour une femme voyageant seule à New York, Boston, Philadelphie ou Washington. Ces villes sont modernes, parmi les plus avancées en ce qui concerne la condition des femmes dans le monde (vie sociale ou en couple, salaires, responsabilités, etc.).

Téléphone

Indicatif téléphonique : 1.

Téléphoner de France vers les villes de la côte Est des États-Unis. Code appel international + code pays + indicatif régional + numéro local à 7 chiffres.

Téléphoner en local : code pays + indicatif régional + numéro local à 7 chiffres.

Téléphoner du pays en France : Le code d'appel international est le 011 (contre le 00 en France). 011 + code pays + indicatif régional (ou indicatif portable) + numéro local.

INDEX

H

I - J

K - L

M

N

O

P

EDITION

Directeurs de collection et auteurs : Dominique AUZIAS et Jean-Paul LABOURDETTE

Auteurs : Baptiste THARREAU, Antoine RICHARD, Jean-Paul LABOURDETTE, Dominique AUZIAS et alter

Directeur Editorial : Stéphan SZEREMETA

Rédaction Monde : Laure CHATAIGNON, Morgane VESLIN, Pierre-Yves SOUCHET, Natalia COLLIER

Rédaction France : Briséis CREAC'H-MENUT, Mélanie COTTARD, Audrey VEDOVOTTO, Nicolas WODARCZAK

FABRICATION

Maquette et Montage : Romain AUDREN, Julie BORDES, Delphine PAGANO

Iconographie et Cartographie : Anne DIOT, Julien DOUCET

WEB ET NUMERIQUE

Directeur Web : Louis GENEAU de LAMARLIERE

Développeurs : Guillaume BARBET, Adeline CAUX et Roland SPOUTIL

Intégrateur Web : Mickael LATTES, Antoine DION

Webdesigner : Caroline LAFFAITEUR

Community Traffic Manager : Alice BARBIER, Mariana BURLAMAQUI et Noémie LE SAUX

DIRECTION COMMERCIALE

Directeur commercial : Guillaume VORBURGER

Coordinatrice des Régies commerciales : Manon GUERIN assistée de Jonas HESOL

Account Manager Marketplace : Leila ROUGEOT assistée de Lola FAVRE-MOT

Responsable Régies locales : Michel GRANSEIGNE

Responsables Développement régie inter : Jean-Marc FARAGUET, Guillaume LABOUREUR et Camille ESMIEU

Chefs de Publicité Régie nationale : Caroline AUBRY, François BRIANCON-MARJOLLET, Perrine DE CARNE MARCEIN, Jonathan TOUTOUX, Amélie NOEL

DIFFUSION ET PROMOTION

Directrice des Ventes : Bénédicte MOULET assistée d'Aissatou DIOP

Responsable des ventes : Jean-Pierre GHEZ assisté de Nelly BRION

Relations Presse-Partenariats : Jean-Mary MARCHAL

ADMINISTRATION

Président : Jean-Paul LABOURDETTE

Directrice des Ressources Humaines : Dina BOURDEAU assistée de Sandra DOS REIS et Eva BAELEN

Directrice Administrative et Financière : Valérie DECOTTIGNIES

Comptabilité : Guillaume PETIT, Aminata BAGAYOKO, Jeannine DEMIRDJIAN

Recouvrement : Fabien BONNAN assisté de Sandra BRIJLALL

Responsable informatique : Elie NZUZI-LEBA

CARNET DE VOYAGE CÔTE EST DES ETATS-UNIS

LES NOUVELLES EDITIONS DE L'UNIVERSITE
18, rue des Volontaires - 75015 Paris.
01 53 69 70 00 - Fax 01 42 73 15 24
Internet : www.petitfute.com
SAS au capital de 1 000 000 € - RC PARIS B 309 769 966
Couverture : Boston, Massachusetts
© Sean Pavone - Shutterstock.com
Impression : IMPRIMERIE CHIRAT - 42540 Saint-Just-la-Pendue
Achevé d'imprimer : janvier 2023
Dépôt légal : 28/02/2023
ISBN : 9782305081236

Pour nous contacter par email, indiquez le nom de famille en minuscule suivi de @petitfute.com
Pour le courrier des lecteurs : info@petitfute.com

IMPRIMÉ EN FRANCE

PEFC
10-31-1895
Certifié PEFC
Ce produit est issu de forêts gérées durablement et de sources contrôlées.
pefc-france.org